SULCO

CB060427

Conheça
nossos clubes

Conheça
nosso site

- @editoraquadrante
- @editoraquadrante
- @quadranteeditora
- Quadrante

JOSEMARIA ESCRIVÁ

SULCO

4ª edição

Tradução
Emérico da Gama

 QUADRANTE

São Paulo
2016

Título original
Surco

Copyright © 2005 by Fundación Studium

Ilustração da capa
O semeador (1889), de Vincent Van
Gogh (1853-1890), Saint-Rémy

Com aprovação eclesiástica

**Dados Internacionais de Catalogação na Publicação (CPI)
(Câmara Brasileira do Livro, SP, Brasil)**

Escrivá de Balaguer, Josemaria, 1902-1975.
  Sulco / Josemaria Escrivá; tradução de Emérico da Gama. – 4ª ed. – São Paulo : Quadrante, 2016.

  Título original: *Surco*
  ISBN: 978-85-7465-089-0

  1. Espiritualidade 2. Meditações 3. Oração 4. Vida cristã 5. Virtudes I. Título.

CDD-248.482

Índice para catálogo sistemático:
1. Vida cristã : Guias para católicos romanos :
Cristianismo 248.482

Todos os direitos reservados a
QUADRANTE EDITORA
Rua Bernardo da Veiga, 47 - Tel.: 3873-2270
CEP 01252-020 - São Paulo - SP
www.quadrante.com.br - atendimento@quadrante.com.br

SUMÁRIO

Apresentação	7
O Autor	17
Prólogo do Autor	21
GENEROSIDADE	23
RESPEITOS HUMANOS	33
ALEGRIA	38
AUDÁCIA	51
LUTAS	58
PESCADORES DE HOMENS	78
SOFRIMENTO	93
HUMILDADE	100
CIDADANIA	110
SINCERIDADE	120
LEALDADE	124
DISCIPLINA	133
PERSONALIDADE	146
ORAÇÃO	154
TRABALHO	165
FRIVOLIDADE	180
NATURALIDADE	186
VERACIDADE	190

AMBIÇÃO	201
HIPOCRISIA	208
VIDA INTERIOR	212
SOBERBA	227
AMIZADE	236
VONTADE	249
CORAÇÃO	257
PUREZA	267
PAZ	273
O ALÉM	280
A LÍNGUA	287
PROPAGANDA	295
RESPONSABILIDADE	301
PENITÊNCIA	312
Índice de textos da Sagrada Escritura	319
Índice por ponto de textos da Sagrada Escritura	323
Índice analítico	327

APRESENTAÇÃO

Já em 1950 o Servo de Deus[1] *Josemaria Escrivá prometia ao leitor, no prólogo da 7a. edição castelhana de* Caminho, *um novo encontro em outro livro –* Sulco *–* **que penso entregar-te dentro de poucos meses**[2]. *Este desejo do Fundador do Opus Dei torna-se realidade agora, no décimo primeiro aniversário do seu trânsito para o Céu.*

Realmente, Sulco *podia ter saído a público há muitos anos. Em várias ocasiões, Mons. Escrivá esteve a ponto de enviá-lo à tipografia, mas aconteceu o que costumava dizer com palavras de um velho refrão castelhano:* Não se pode tocar o sino e andar na procissão. *O seu intenso trabalho fundacional, as suas ta-*

---

(1) À época em que este prólogo foi escrito já se tinha iniciado o processo de canonização de São Josemaría. Foi beatificado em 17-V-1992 e canonizado em 6-X-2002, por João Paulo II (N. do T.).

(2) Josemaria Escrivá, *Camino*, 7ª edição, Rialp, Madri, 1950. Ver *Caminho*, 11ª ed., Quadrante, São Paulo, 2016.

refas de governo à testa do Opus Dei, a sua extensíssima atividade pastoral com tantas almas e outras mil tarefas a serviço da Igreja, impediram-no de fazer uma última revisão sossegada do manuscrito. No entanto, Sulco *estava concluído – faltando apenas ordenar numericamente os papéis e a revisão estilística final, não levada a cabo – havia já algum tempo, inclusive com os títulos dos diversos capítulos que o integram.*

Tal como Caminho *– livro que alcançou já uma tiragem superior a três milhões de exemplares, e que foi traduzido para mais de trinta línguas –,* Sulco *é fruto da vida interior e da experiência de almas de Mons. Escrivá. Foi escrito com a intenção de fomentar e facilitar a oração pessoal. Seu gênero e seu estilo não são, pois, os dos tratados teológicos sistemáticos, embora a sua rica e profunda espiritualidade encerre uma elevada teologia.*

Sulco *quer alcançar a pessoa inteira do cristão – corpo e alma, natureza e graça –, e não apenas a inteligência. Por isso, não tem por fonte unicamente a reflexão, mas a própria vida cristã: reflete as ondas de movimento e de quietude, de energia espiritual e de paz, que a ação do Espírito Santo foi imprimindo na alma do Servo de Deus e nas dos que o rodeavam.* Spiritus, ubi vult, spirat, *o Espírito sopra onde quer*[3],

---

(3) *Ioann.* III, 8.

APRESENTAÇÃO

e traz consigo uma profundidade e harmonia de vida inigualáveis, que não se podem – nem se devem – aprisionar nos estreitos limites de um esquema feito em termos humanos.

Aí está o porquê da metodologia deste livro. Mons. Escrivá nunca quis em campo algum – e menos ainda nas coisas de Deus – fazer primeiro a roupa para depois meter nela, à força, a criatura. Pelo seu respeito à liberdade de Deus e à dos homens, preferia ser um observador atento, capaz de reconhecer os dons de Deus. Ouvi-o dizer muitas vezes, quando chegava a um novo país ou se reunia com um novo grupo de pessoas: **Eu vim aqui para aprender**. *E aprendia: aprendia de Deus e das almas, e a sua aprendizagem convertia-se, para os que o rodeávamos, num contínuo ensinamento.*

Extraídas da sua ampla experiência de almas, as considerações do Fundador do Opus Dei fazem desfilar neste livro um conjunto de qualidades que devem reluzir na vida dos cristãos: generosidade, audácia, alegria, sinceridade, naturalidade, lealdade, amizade, pureza, responsabilidade... A simples leitura dos títulos do índice permite descobrir o amplo panorama de perfeição humana – **virtudes de homem** *(Prólogo) – que Mons. Escrivá descobre em Jesus Cristo*, perfeito Deus e perfeito Homem[4].

---

(4) Símbolo *Quicumque*.

Jesus é o Modelo acabado do ideal humano do cristão, pois Cristo Redentor revela plenamente o homem ao próprio homem[5]. *Valham como resumo de todas estas virtudes as palavras com que o Autor de* Sulco *dá graças a Nosso Senhor por ter querido fazer-se* **perfeito Homem, com um Coração amante e amabilíssimo, que ama até à morte e sofre; que se enche de gozo e de dor; que se entusiasma com os caminhos dos homens, e nos mostra aquele que conduz ao Céu; que se submete heroicamente ao dever, e se guia pela misericórdia; que vela pelos pobres e pelos ricos; que cuida dos pecadores e dos justos...** *(n. 813).*

O que aparece nestas páginas é a própria vida do cristão, na qual – ao passo de Cristo – o divino e o humano se entrelaçam sem confusão, mas sem solução de continuidade. **Não esqueças que as minhas considerações, por muito humanas que te pareçam, já que as escrevi – e até vivi – para ti e para mim de olhos postos em Deus, hão de ser por força sacerdotais** *(Prólogo). São virtudes humanas de um cristão, e precisamente por isso se mostram em toda a sua plenitude, desenhando o perfil do homem e da mulher amadurecidos, com a maturidade própria de um filho de Deus, que é consciente de que seu Pai está perto dele:*

---

(5) João Paulo II, *Litt. enc. Redemptor hominis*, 4-III--1979, n. 10.

APRESENTAÇÃO 11

Não queiramos enganar-nos... – Deus não é uma sombra, um ser longínquo, que nos cria e depois nos abandona; não é um amo que se vai e não volta mais [...]. Deus está aqui, conosco, presente, vivo: Ele nos vê, nos ouve, nos dirige, e contempla as nossas menores ações, as nossas intenções mais escondidas *(n. 658).*

Mons. Escrivá apresenta assim as virtudes à luz do destino divino do homem. O capítulo O Além situa o leitor nessa perspectiva, tirando-o de uma lógica exclusivamente terrena para ancorá-lo na lógica eterna (cfr. n. 879). Deste modo, as virtudes humanas do cristão colocam-se muito acima das virtudes meramente naturais: são **virtudes dos filhos de Deus***. A consciência da sua filiação divina há de informar todo o viver do homem cristão, que encontra em Deus a razão e a força do seu empenho por melhorar, também humanamente:* **Antes eras pessimista, indeciso e apático. Agora estás totalmente transformado: sentes-te audaz, otimista, seguro de ti mesmo..., porque afinal te decidiste a buscar o teu apoio somente em Deus** *(n. 426).*

Um outro exemplo de como as virtudes humanas do cristão lançam raízes divinas é o sofrimento. Em face das penas desta vida, a fortaleza cristã não se confunde com um suportar estoicamente a adversidade, antes se converte – com o olhar posto na Cruz de Cristo – em fonte de vida sobrenatural, porque **esta foi a grande revolução cristã: converter a dor em sofri-**

mento fecundo; fazer, de um mal, um bem *(n. 887).* Mons. Escrivá sabe ver a ação de Deus por trás da dor, tanto nesta vida – **Deixa-te lapidar, com agradecimento, porque Deus te tomou nas suas mãos como um diamante** *(n. 235)* – *como depois da morte:* **O purgatório é uma misericórdia de Deus, para limpar os defeitos daqueles que desejam identificar-se com Ele** *(n. 889).*

As virtudes humanas não aparecem nunca como algo acrescentado à existência humana: formam, com as virtudes sobrenaturais e os dons do Espírito Santo, o entrançado da vida diária dos filhos de Deus. A graça penetra a natureza no mais íntimo, para sará-la e divinizá-la. Se, como consequência do pecado original, o humano não chega à sua plenitude sem a graça, não é menos verdade que esta não aparece justaposta e como que atuando à margem da natureza; ao contrário, faz acender nela as suas melhores perfeições, para poder divinizá-la. Mons. Escrivá não concebe que possamos viver à maneira divina sem sermos muito humanos, e este passo é a primeira vitória da graça. Por isso concede tanta importância às virtudes humanas, cuja ausência determina o fracasso da própria vida cristã: **São muitos os cristãos que seguem Cristo, pasmados ante a sua divindade, mas O esquecem como Homem..., e fracassam no exercício das virtudes sobrenaturais – apesar de toda a armação externa de piedade –, porque não fazem nada por adquirir as virtudes humanas** *(n. 652).*

Este sentido entranhadamente humano da vida cristã esteve sempre presente na pregação e nos escritos do Fundador do Opus Dei. Não gostava dos espiritualismos desencarnados, porque – assim costumava repetir – o Senhor nos fez homens, e não anjos, e é como seres humanos que temos de nos comportar.

A doutrina de Mons. Escrivá unifica os aspectos humanos e divinos da perfeição cristã, como não pode deixar de acontecer quando se conhece com profundidade e se ama e se vive apaixonadamente a doutrina católica sobre o Verbo encarnado. Em Sulco *ficam firmemente traçadas as consequências práticas e vitais dessa gozosa verdade. O seu autor vai delineando o perfil do cristão que vive e trabalha no meio do mundo, comprometido nos ideais nobres que animam os demais homens e, ao mesmo tempo, totalmente projetado em direção a Deus. O retrato que daí resulta é sumamente atrativo. O homem cristão é* **sereno e equilibrado de caráter** *(n. 417), e por isso sabe dar as notas* **da vida corrente, aquelas que habitualmente os outros escutam** *(n. 440). Está dotado de* **vontade inflexível, fé profunda e piedade ardente** *(n. 417), e põe ao serviço dos demais homens as qualidades de que está adornado (cfr. n. 422). A sua mentalidade, universal, tem as seguintes características:* **amplidão de horizontes e um aprofundamento enérgico no que é permanentemente vivo na ortodoxia católica; empenho reto e sadio – nunca frivolidade –**

em renovar as doutrinas típicas do pensamento tradicional, na filosofia e na interpretação da história...; uma cuidadosa atenção às orientações da ciência e do pensamento contemporâneos; e uma atitude positiva e aberta ante a transformação atual das estruturas sociais e das formas de vida *(n. 428)*.

Em aberto contraste com este retrato, Mons. Escrivá desenha também as características do homem frívolo, privado de verdadeiras virtudes, que é como uma cana agitada pelo vento[6] *do capricho ou do comodismo. A sua desculpa típica é:* **Não gosto de comprometer-me com nada** *(n. 539); e a sua existência transcorre no mais desolador dos vazios. Frivolidade que, de um ponto de vista cristão, tem também outros nomes:* **matreirice, tibieza, "malandragem", falta de ideais, aburguesamento** *(n. 541)*.

Ao diagnóstico da doença segue-se a indicação do remédio. **Nada aperfeiçoa tanto a personalidade como a correspondência à graça** *(n. 443); e se oferece depois ao leitor um conselho concreto bem seguro:* **Procura imitar a Santíssima Virgem, e serás homem – ou mulher – de uma só peça** *(n. 443). Junto de Jesus, o cristão descobre sempre a sua Mãe, Santa Maria, e a Ela recorre em todas as suas necessidades: para imitá-la, para frequentar o seu trato, para acolher-se à sua intercessão poderosa. Está carrega-*

---

(6) *Matth.* XI, 7.

do de sentido o fato de todos os capítulos de Sulco *terminarem com um pensamento relativo à Santíssima Virgem: qualquer esforço cristão por crescer em virtude conduz à identificação com Jesus Cristo, e não há para isso caminho mais seguro e direto que a devoção a Maria. Ainda me parece estar ouvindo a voz do Servo de Deus, num dos meus primeiros encontros com ele, explicando-me gozoso que* **a Jesus sempre se vai e se volta por Maria.**

Roma, 26 de junho de 1986
Álvaro del Portillo

O AUTOR

São Josemaria Escrivá nasceu em Barbastro (Espanha), no dia 9 de janeiro de 1902. Em 1918 começou os estudos eclesiásticos no Seminário de Logroño, prosseguindo-os depois no de São Francisco de Paula, em Saragoça. Entre 1923 e 1927 estudou também Direito Civil na Universidade de Saragoça. Recebeu a ordenação sacerdotal em 28 de março de 1925. Iniciou o seu ministério sacerdotal na paróquia de Perdiguera, continuando-o depois em Saragoça.

Na primavera de 1927 mudou-se para Madri, onde realizou um infatigável trabalho sacerdotal em todos os ambientes, dedicando também a sua atenção aos pobres e desvalidos dos bairros mais distantes, especialmente doentes incuráveis e moribundos dos hospitais. Aceitou o cargo de capelão do Patronato dos Enfermos, trabalho assistencial das Damas Apostólicas do Sagrado Coração, e foi professor em uma academia universitária, enquanto fazia o doutorado em Direito Civil.

No dia 2 de outubro de 1928, o Senhor fez-lhe ver o Opus Dei (Obra de Deus). Em 14 de fevereiro de 1930 compreendeu – por inspiração divina – que devia estender o apostolado do Opus Dei também às mulheres. Abria-se assim na Igreja um caminho novo, destinado a promover entre pessoas de todas as classes sociais a procura da santidade e o exercício do apostolado, mediante a santificação do trabalho de cada dia no meio do mundo. No dia 14 de fevereiro de 1943, fundou a Sociedade Sacerdotal da Santa Cruz, inseparavelmente unida ao Opus Dei. Além de permitir a ordenação sacerdotal de membros leigos do Opus Dei e a sua incardinação a serviço da Obra, a Sociedade Sacerdotal da Santa Cruz viria a permitir mais tarde que os sacerdotes incardinados nas dioceses pudessem participar do espírito e da ascética do Opus Dei, buscando a santidade no exercício dos seus deveres ministeriais, em dependência exclusiva do seu respectivo Bispo. O Opus Dei foi erigido em Prelazia pessoal por São João Paulo II no dia 28 de novembro de 1982: era a forma jurídica prevista e desejada por São Josemaria Escrivá.

Em 1946 Mons. Escrivá passou a residir em Roma, onde permaneceu até o fim da vida. Dali estimulou e orientou a difusão do Opus Dei por todo o mundo, dedicando-se a dar aos homens e mulheres da Obra e a muitas outras pessoas uma sólida formação doutrinal, ascética a apostólica. Por ocasião da sua morte, o Opus Dei contava mais de 60.000 membros de oitenta nacionalidades.

São Josemaria Escrivá faleceu em 26 de junho de 1975. Havia anos, oferecia a Deus a sua vida pela

Igreja e pelo Papa. Seu corpo repousa no altar da igreja prelatícia de Santa Maria da Paz, na sede central da Prelazia do Opus Dei. A fama de santidade que o Fundador do Opus Dei já tinha em vida foi-se estendendo após a sua morte por todos os cantos do mundo, como mostram os abundantes testemunhos de favores espirituais e materiais que se atribuem à sua intercessão, entre eles algumas curas medicamente inexplicáveis. São João Paulo II canonizou Josemaria Escrivá no dia 6 de outubro de 2002.

Entre seus escritos publicados, contam-se, além do estudo teológico-jurídico *La Abadesa de Las Huelgas*, livros de espiritualidade traduzidos para numerosas línguas: *Caminho, Santo Rosário, É Cristo que passa, Amigos de Deus, Via Sacra, Sulco* e *Forja*. Sob o título *Entrevistas com Mons. Josemaria Escrivá* publicaram-se também algumas entrevistas que concedeu à imprensa. Uma ampla documentação sobre São Josemaria pode ser encontrada em www.escrivaworks.org.br, em www.opusdei.org e em www.josemariaescriva.info.

DEIXA-ME, LEITOR AMIGO,
QUE TOME A TUA ALMA
E A FAÇA CONTEMPLAR VIRTUDES DE HOMEM:
A GRAÇA OPERA SOBRE A NATUREZA.
MAS NÃO ESQUEÇAS
QUE AS MINHAS CONSIDERAÇÕES,
POR MUITO HUMANAS QUE TE PAREÇAM,
JÁ QUE AS ESCREVI – E ATÉ VIVI –
PARA TI E PARA MIM DE OLHOS POSTOS EM DEUS,
HÃO DE SER POR FORÇA SACERDOTAIS.
OXALÁ ESTAS PÁGINAS
A TAL PONTO NOS SIRVAM DE PROVEITO
– ASSIM O PEÇO A NOSSO SENHOR –
QUE NOS MELHOREM
E NOS MOVAM A DEIXAR NESTA VIDA,
COM AS NOSSAS OBRAS,
UM *SULCO* FECUNDO.

GENEROSIDADE

1   São muitos os cristãos persuadidos de que a Redenção se realizará em todos os ambientes do mundo, e de que deve haver almas – não sabem quais – que com Cristo contribuam para realizá-la. Mas eles a veem a um prazo de séculos, de muitos séculos...; seria uma eternidade, se se levasse a cabo ao passo da sua entrega.

Assim pensavas tu, até que vieram "acordar-te".

2   A entrega é o primeiro passo de uma veloz caminhada de sacrifício, de alegria, de amor, de união com Deus. – E assim, toda a vida se enche de uma bendita loucura, que faz encontrar felicidade onde a lógica humana só vê negação, padecimento, dor.

3   "Peça por mim – dizias –: que eu seja generoso, que progrida, que chegue a transformar-

-me de tal modo que algum dia possa ser útil em alguma coisa".

Muito bem. – Mas, que meios empregas para que esses propósitos se tornem eficazes?

4 Muitas vezes te perguntas por que certas almas, que tiveram a ventura de conhecer o verdadeiro Jesus desde crianças, vacilam tanto em corresponder com o melhor que possuem: a vida, a família, os sonhos.

Olha: tu, precisamente por teres recebido "tudo" de golpe, tens obrigação de mostrar-te muito agradecido ao Senhor: tal como reagiria um cego que recuperasse a vista de repente, enquanto aos outros nem lhes passa pela cabeça que devem dar graças porque veem.

Mas... não é suficiente. Todos os dias, tens que ajudar os que te rodeiam, para que se comportem com gratidão pela sua condição de filhos de Deus. Senão, não me digas que és agradecido.

5 Medita devagar: é muito pouco o que se me pede, para o muito que se me dá.

6 Tu, que não acabas de "deslanchar", considera o que me escrevia um teu irmão: "Custa, mas uma vez tomada a «decisão», que suspiro de felicidade ao encontrar-me seguro no caminho!"

7 Estes dias – comentavas-me – transcorreram mais felizes do que nunca. E te respondi sem vacilar: foi porque "viveste" um pouco mais entregue do que habitualmente.

8 A chamada do Senhor – a vocação – apresenta-se sempre assim: "Se alguém quer vir após Mim, negue-se a si mesmo, tome a sua cruz e siga-Me".

Sim, a vocação exige renúncia, sacrifício. Mas como se torna prazeroso o sacrifício – «gaudium cum pace», alegria e paz –, se a renúncia é completa!

9 Quando lhe falaram de comprometer-se pessoalmente, a sua reação foi raciocinar assim: "Nesse caso, poderia fazer isto..., teria que fazer aquilo..."

– Responderam-lhe: "Aqui não pechinchamos com o Senhor. A lei de Deus, o convite do Senhor, ou se pega ou se larga, tal como é. É preciso decidir-se: ou ir para a frente, sem nenhuma reserva e com muito ânimo, ou retirar-

-se. «Qui non est mecum...» – quem não está comigo, está contra Mim".

10 Da falta de generosidade à tibieza não vai senão um passo.

11 Para que não o imites, copio de uma carta este exemplo de covardia: "Naturalmente, agradeço-lhe muito que se lembre de mim, porque preciso de muitas orações. Mas também agradeceria que, ao suplicar ao Senhor que me faça «apóstolo», não se esforçasse em pedir-Lhe que me exija a entrega da minha liberdade".

12 Aquele teu conhecido, muito inteligente, bom burguês, boa gente, dizia: "Cumprir a lei, mas com medida, sem passar da risca, o mais estritamente possível".

E acrescentava: "Pecar? Não; mas dar-se, também não".

Dão verdadeira pena esses homens mesquinhos, calculistas, incapazes de sacrificar-se, de entregar-se por um ideal nobre.

13 É preciso pedir-te mais: porque podes dar mais, e deves dar mais. Pensa nisto.

14 "É muito difícil", exclamas desanimado.

– Escuta: se lutas, basta-te a graça de Deus. Prescindirás dos interesses pessoais, servirás os outros por Deus, e ajudarás a Igreja no campo onde hoje se trava a batalha: na rua, na fábrica, na oficina, na universidade, no escritório, no teu ambiente, no meio dos teus.

15 Escreveste-me: "No fundo, é sempre a mesma coisa: muita falta de generosidade. Que pena e que vergonha descobrir o caminho e permitir que umas nuvenzinhas de pó – inevitáveis – turvem o final!"

Não te zangues se te digo que és tu o único culpado: arremete valentemente contra ti mesmo. Tens meios mais do que suficientes.

16 Quando o teu egoísmo te afasta da comum preocupação pelo bem-estar sadio e santo dos homens, quando te fazes calculista e não te comoves com as misérias materiais ou morais do teu próximo, obrigas-me a lançar-te em rosto uma palavra muito forte, para que reajas: se não sentes a bendita fraternidade com os teus irmãos, os homens, e vives à margem da grande família cristã, és um pobre enjeitado.

17 O cume? Para uma alma que se entrega, tudo se converte em cume por alcançar: cada dia descobre novas metas, porque nem sabe nem quer pôr limites ao Amor de Deus.

18 Quanto mais generoso fores – por Deus –, mais feliz serás.

19 Com frequência surge a tentação de querermos reservar um pouco de tempo para nós mesmos...

Aprende de uma vez por todas a pôr remédio a tanta pequenez, retificando imediatamente.

20 Eras da turma do "tudo ou nada". E como nada podias..., que desastre!

Começa a lutar com humildade, para reavivar essa tua pobre entrega, tão tacanha, até a tornares "totalmente" efetiva.

21 Nós, os que nos dedicamos a Deus, nada perdemos.

22 Gostaria de gritar ao ouvido de tantas e de tantos: não é sacrifício entregar os filhos ao serviço de Deus: é honra e alegria.

GENEROSIDADE

23 Chegou para ele o momento da dura provação, e veio procurar-te desconsolado.

— Lembras-te? Para ele – o amigo que te dava conselhos "prudentes" –, o teu modo de proceder não era senão utopia, fruto de ideias deformadas, captação de vontades, e... "sutilezas" do mesmo jaez.

— "Esse entregar-se ao Senhor – sentenciava – é uma exacerbação anormal do sentimento religioso". E, com a sua pobre lógica, pensava que entre ti e a tua família se havia interposto um estranho: Cristo.

Agora compreendeu o que tantas vezes lhe repetias: Cristo jamais separa as almas.

24 Eis uma tarefa urgente: sacudir a consciência dos que crêem e dos que não creem – organizar uma leva de homens de boa vontade –, com o fim de que cooperem e proporcionem os instrumentos materiais necessários para trabalhar com as almas.

25 Esse demonstra muito entusiasmo e compreensão. Mas quando vê que se trata "dele", que é "ele" que tem de contribuir a sério, retira-se covardemente.

Lembra-me aqueles que, em momento de

grave perigo, gritavam com falsa valentia: "Guerra, guerra!", mas nem queriam dar dinheiro, nem alistar-se para defender a pátria.

26 Dá pena ver como alguns entendem a esmola: uns tostões ou um pouco de roupa velha. Parece que não leram o Evangelho.

Não andeis com cautelas: ajudai as pessoas a formar-se com a fé e a fortaleza suficientes para se desprenderem generosamente, em vida, daquilo que lhes é necessário.

– Aos molengões, explicai-lhes que é pouco nobre e pouco elegante, mesmo do ponto de vista terreno, esperar pelo fim, quando forçosamente já não podem levar nada consigo.

27 "Quem empresta, que não cobre; se cobra, que não seja tudo; se tudo, que não seja tal; se tal, inimigo mortal".

Que fazer?... Dar! Sem cálculo, e sempre por Deus. Assim viverás, também humanamente, mais perto dos homens, e contribuirás para que haja menos ingratos.

28 Vi rubor no rosto daquele homem simples, e quase lágrimas em seus olhos: prestava generosamente a sua colaboração em obras boas, com o dinheiro honesto que ele mesmo ganhava, e soube que os "bons" apodavam de bastardas as suas ações.

Com ingenuidade de neófito nestas batalhas de Deus, sussurrava: "Estão vendo que me sacrifico... e ainda me sacrificam!"

– Falei-lhe devagar. Beijou o meu Crucifixo, e a sua natural indignação transformou-se em paz e alegria.

29 Não sentes uma vontade louca de tornar mais completa, mais "irremediável" a tua entrega?

30 Como é ridícula a atitude dos pobrezinhos dos homens, quando uma vez e outra negamos bagatelas ao Senhor! Passa o tempo, as coisas vão-se vendo com o seu verdadeiro relevo..., e nascem a vergonha e a dor.

31 «Aure audietis, et non intellligetis: et videntes videbitis, et non perspicietis». Palavras claras do Espírito Santo: ouvem com os seus próprios ouvidos, e não entendem; olham com os seus olhos, mas não enxergam.

Por que te inquietas, se alguns, "vendo" o apostolado e conhecendo a sua grandeza, não se entregam? Reza tranquilo, e persevera no teu caminho: se esses não se lançam, outros virão!

32 Desde que Lhe disseste "sim", o tempo vai mudando a cor do teu horizonte – cada dia mais belo –, que brilha mais amplo e luminoso. Mas tens de continuar a dizer "sim".

33 A Virgem Santa Maria, Mestra de entrega sem limites. – Lembras-te? Com palavras que eram um louvor dirigido a Ela, Jesus Cristo afirma: "Aquele que cumpre a Vontade de meu Pai, esse – essa – é minha mãe!..."

Pede a esta Mãe boa que ganhe força na tua alma – força de amor e de libertação – a sua resposta de generosidade exemplar: «Ecce ancilla Domini» – eis a escrava do Senhor.

RESPEITOS HUMANOS

34 Quando está em jogo a defesa da verdade, como se pode desejar não desagradar a Deus e, ao mesmo tempo, não chocar com o ambiente? São coisas antagônicas: ou uma ou outra! É necessário que o sacrifício seja holocausto: é preciso queimar tudo..., até o "que vão dizer", até isso a que chamam reputação.

35 Como vejo agora claramente que a "santa desvergonha" tem a sua raiz, muito profunda, no Evangelho! – Cumpre a Vontade de Deus..., lembrando-te de Jesus difamado, de Jesus cuspido e esbofeteado, de Jesus levado aos tribunais de homenzinhos..., e de Jesus calado!! – Propósito: baixar a fronte diante dos ultrajes e – contando também com as humilhações que, sem dúvida, virão – prosseguir na tarefa divina que o Amor Misericordioso de Nosso Senhor nos quis confiar.

36 Assusta o mal que podemos causar, se nos deixamos arrastar pelo medo ou pela vergonha de nos mostrarmos como cristãos na vida diária.

37 Há alguns que, ao falarem de Deus ou do apostolado, é como se sentissem a necessidade de se defender. Talvez porque não descobriram o valor das virtudes humanas e, pelo contrário, sobra-lhes deformação espiritual e covardia.

38 É inútil pretender agradar a todos. Descontentes, gente que proteste, haverá sempre. Olha como o resume a sabedoria popular: "Quando as coisas correm bem para os cordeiros, correm mal para os lobos".

39 Não te comportes como esses que se assustam perante um inimigo que só tem a força da sua "voz agressiva".

40 Compreendes o trabalho que se faz..., achas bem (!). Mas pões muito cuidado em não colaborar, e maior ainda em conseguir que os outros não vejam ou não pensem que colaboras.

– Tens medo de que te julguem melhor do que és!, disseste-me. – Não será que tens medo de que Deus e os homens te exijam mais coerência?

41 Parecia completamente decidido... Mas, ao pegar na caneta para romper com a namorada, pesou mais a indecisão e faltou-lhe coragem: muito humano e compreensível, comentava este ou aquele. – Pelo que se vê, segundo alguns, os amores terrenos não estão entre as coisas que se devem deixar para seguir plenamente Jesus Cristo, quando Ele o pede.

42 Há os que erram por fraqueza – pela fragilidade do barro de que somos feitos –, mas se mantêm íntegros na doutrina.

São os mesmos que, com a graça de Deus, demonstram a valentia e a humildade heroica de confessar o seu erro, e de defender – com afinco – a verdade.

43 Alguns chamam imprudência e atrevimento à fé e à confiança em Deus.

44 É uma loucura confiar em Deus!..., dizem – E não é maior loucura confiar em si mesmo ou nos demais homens?

45 Escreves-me que te abeiraste, por fim, do confessionário, e que experimentaste a humilhação de ter de abrir a cloaca – é assim que dizes – da tua vida diante de "um homem".

– Quando arrancarás essa vã estima que sentes por ti mesmo? Então irás à confissão feliz de te mostrares como és, diante "desse homem" ungido – outro Cristo, o próprio Cristo! – que te dá a absolvição, o perdão de Deus.

46 Tenhamos a coragem de viver pública e constantemente de acordo com a nossa santa fé.

47 Não podemos ser sectários, diziam-me com ares de equanimidade, perante a firmeza da doutrina da Igreja.

Depois, quando lhes fiz ver que quem tem a Verdade não é sectário, compreenderam o seu erro.

48 Para nos convencermos de que é ridículo tomar a moda como norma de conduta, basta olhar para alguns retratos antigos.

49 Gosto de que ames as procissões, todas as manifestações externas da nossa Mãe, a Igreja Santa, para dar a Deus o culto devido..., e que as vivas!

50 «Ego palam locutus sum mundo»: Eu preguei publicamente diante de toda a gente, responde Jesus a Caifás, quando se aproxima o momento de dar a sua Vida por nós.

— E, no entanto, há cristãos que se envergonham de manifestar «palam» — patentemente — veneração pelo Senhor.

51 Quando ocorreu a debandada dos Apóstolos e o povo embravecido rasga as gargantas em ódio a Jesus Cristo, Santa Maria segue de perto o seu Filho pelas ruas de Jerusalém. Não a arreda o clamor da multidão, nem deixa de acompanhar o Redentor enquanto todos os do cortejo, no anonimato, se fazem covardemente valentes para maltratar Cristo.

Invoca-a com força: «Virgo fidelis!» — Virgem fiel! —, e pede-lhe que nós, os que nos dizemos amigos de Deus, o sejamos deveras e a todas as horas.

ALEGRIA

52 Ninguém é feliz, na terra, enquanto não se decide a não sê-lo. Assim transcorre o caminho: dor – dito em cristão!: Cruz –; Vontade de Deus, Amor; felicidade aqui e, depois, eternamente.

53 «Servite Domino in laetitia!» – Servirei a Deus com alegria! Uma alegria que será consequência da minha Fé, da minha Esperança e do meu Amor..., que há de durar sempre porque, como nos assegura o Apóstolo, «Dominus prope est!»... – o Senhor me segue de perto. Caminharei com Ele, portanto, bem seguro, já que o Senhor é meu Pai..., e com a sua ajuda cumprirei a sua amável Vontade, ainda que me custe.

54 Um conselho, que vos tenho repetido até cansar: estai alegres, sempre alegres. – Que es-

tejam tristes os que não se considerem filhos de Deus.

55 Procuro deixar a pele, para que os meus irmãos mais novos "pisem macio", como o senhor nos diz. – Há tantas alegrias neste "passar um mau bocado"!

56 Outro homem de fé escrevia-me: "Quando por necessidade se está isolado, nota-se perfeitamente a ajuda dos irmãos. Ao considerar que agora tenho de suportar tudo «sozinho», penso muitas vezes que, se não fosse por essa «companhia que fazemos de longe uns aos outros» – a bendita Comunhão dos Santos! –, não poderia conservar este otimismo que me invade".

57 Não esqueças que, às vezes, nos faz falta ter ao lado caras sorridentes.

58 "Vocês são todos tão alegres! Ninguém o imaginaria", ouvi comentar.

Vem de longe o empenho diabólico dos inimigos de Cristo, que não se cansam de murmurar que as pessoas entregues a Deus são da espécie dos "soturnos". E, infelizmente, alguns dos que querem ser "bons" servem-lhes de eco, com as suas "virtudes tristes".

— Nós Te damos graças, Senhor, porque quiseste contar com as nossas vidas, ditosamente alegres, para apagar essa falsa caricatura.

— Peço-Te também que não o esqueçamos.

59 Que ninguém leia tristeza nem dor na tua cara, quando difundes pelo ambiente do mundo o aroma do teu sacrifício: os filhos de Deus têm que ser sempre semeadores de paz e de alegria.

60 A alegria de um homem de Deus, de uma mulher de Deus, há de ser transbordante: serena, contagiosa, cativante; em poucas palavras, há de ser tão sobrenatural, tão pegadiça e tão natural, que arraste outros pelos caminhos cristãos.

61 "Contente?" — A pergunta deixou-me pensativo.

— Ainda não se inventaram as palavras para exprimir tudo o que se sente — no coração e na vontade — ao saber que se é filho de Deus.

62 Natal. Escreves-me: "Ao compasso da espera santa de Maria e de José, eu também espero, com impaciência, o Menino. Como ficarei

contente em Belém! Pressinto que explodirei numa alegria sem limites. Ah!, e com Ele quero também nascer de novo..."
— Oxalá seja verdade este teu querer!

63 Propósito sincero: tornar amável e fácil o caminho aos outros, que já bastantes amarguras traz a vida consigo.

64 Que maravilha converter infiéis, ganhar almas!...
— Pois bem, tão grato a Deus, e ainda mais, é evitar que se percam.

65 Outra vez de volta às tuas antigas loucuras!... E depois, quando regressas, te sentes pouco alegre, porque te falta humildade.
Parece que te obstinas em desconhecer a segunda parte da parábola do filho pródigo, e ainda continuas apegado à pobre felicidade das bolotas. Com o orgulho ferido pela tua fragilidade, não te decides a pedir perdão, e não consideras que, se te humilhas, espera-te a jubilosa acolhida de teu Pai-Deus, a festa pelo teu regresso e pelo teu recomeço.

66 É verdade: não valemos nada, não somos nada, não podemos nada, não temos nada. E, simultaneamente, no meio da luta quotidiana, não faltam os obstáculos, as tentações...

Mas a "alegria" dos teus irmãos dissipará todas as dificuldades, tão logo te reúnas com eles, porque os verás firmemente apoiados nEle: «quia Tu es Deus fortitudo mea» – porque Tu és, Senhor, a nossa fortaleza.

67 Repete-se a cena dos convidados da parábola. Uns, medo; outros, ocupações; bastantes..., histórias, desculpas tolas.

Resistem. Assim andam eles: enfastiados, confusos, sem vontade de nada, entediados, amargurados. Quando é tão fácil aceitar o divino convite de cada momento, e viver alegre e feliz!

68 É muito cômodo dizer: "Não presto; não me sai bem – não nos sai bem – uma só coisa".

– Além de que não é verdade, esse pessimismo encobre uma poltronice muito grande... Há coisas que fazes bem, e coisas que fazes mal. Enche-te de contentamento e de esperança pelas primeiras; e enfrenta – sem desalento – as segundas, para retificar: e sairão bem.

69 "Padre, tal como me aconselhou, rio-me das minhas misérias – sem esquecer que não

devo transigir –, e então sinto-me muito mais alegre.

"Pelo contrário, quando cometo a tolice de ficar triste, tenho a sensação de que perco o caminho".

70 Perguntaste-me se tenho cruz. E te respondi que sim, que nós sempre temos Cruz. – Mas uma Cruz gloriosa, selo divino, garantia da autenticidade de sermos filhos de Deus. Por isso, sempre caminhamos felizes com a Cruz.

71 Sentes mais alegria. Mas desta vez trata-se de uma alegria nervosa, um pouco impaciente, acompanhada da clara sensação de que alguma coisa em ti se despedaça em sacrifício.

Escuta-me bem: aqui na terra, não há felicidade completa. Por isso, agora, imediatamente, sem palavras e sem "vitimismos", oferece-te em oblação a Deus, com uma entrega total e absoluta.

72 Estás passando uns dias de alvoroço, com a alma inundada de sol e de cor. E, coisa estranha, os motivos da tua felicidade são os mesmos que em outras ocasiões te desanimavam!

É o que acontece sempre: tudo depende do

ponto de mira. – «Laetetur cor quaerentium Dominum!» – Quando se procura o Senhor, o coração transborda sempre de alegria.

73 Que diferença entre esses homens sem fé, tristes e vacilantes por causa da sua existência vazia, expostos como cata-ventos à "variabilidade" das circunstâncias, e a nossa vida confiante de cristãos, alegre e firme, maciça, por causa do conhecimento e da absoluta convicção do nosso destino sobrenatural!

74 Não és feliz, porque ficas ruminando tudo como se sempre fosses tu o centro: é que te dói o estômago, é que te cansas, é que te disseram isto ou aquilo...
– Já experimentaste pensar nEle e, por Ele, nos outros?

75 «Miles» – soldado, chama o Apóstolo ao cristão.
Pois bem, nesta bendita e cristã peleja de amor e de paz pela felicidade de todas as almas, há, dentro das fileiras de Deus, soldados cansados, famintos, lacerados pelas feridas...; mas alegres: levam no coração as luzes seguras da vitória.

76 "Quero enviar-lhe, Padre, o propósito de estar sempre sorridente: coração risonho, ainda que mo apunhalem".

– Parece-me um propósito acertado. Rezo para que o cumpras.

77 Em certos momentos, oprime-te um começo de desânimo, que mata todo o teu entusiasmo, e que mal consegues vencer à força de atos de esperança. – Não tem importância: é o bom momento para pedires mais graça a Deus, e avante! Renova a alegria de lutar, ainda que percas uma escaramuça.

78 Surgiram nuvens negras de falta de vontade, de perda de entusiasmo. Caíram aguaceiros de tristeza, com a clara sensação de te encontrares atado. E, como remate, assomaram decaimentos, que nascem de uma realidade mais ou menos objetiva: tantos anos lutando..., e ainda estás tão atrás, tão longe!

Tudo isto é necessário, e Deus conta com isso: para alcançarmos o «gaudium cum pace» – a paz e a alegria verdadeiras –, temos de acrescentar à convicção da nossa filiação divina, que nos enche de otimismo, o reconhecimento da nossa fraqueza pessoal.

79 Rejuveneceste! De fato, percebes que o trato com Deus te devolveu em pouco tempo à época simples e feliz da juventude, até mesmo à segurança e alegria – sem criancices – da infância espiritual... Olhas à tua volta e verificas que acontece o mesmo aos outros: vão passando os anos desde o seu encontro com o Senhor e, com a maturidade, robustecem-se uma juventude e uma alegria indeléveis. Não estão jovens: são jovens e alegres!

Esta realidade da vida interior atrai, confirma e conquista as almas. Agradece-o diariamente «ad Deum qui laetificat iuventutem» – ao Deus que enche de alegria a tua juventude.

80 A graça de Deus não te falta. Portanto, se correspondes, deves sentir-te seguro.

O triunfo depende de ti: a tua fortaleza e o teu ímpeto – unidos a essa graça – são razão mais que suficiente para dar-te o otimismo de quem tem por certa a vitória.

81 Talvez ontem fosses uma dessas pessoas amarguradas nos seus sonhos, decepcionadas nas suas ambições humanas. Hoje, desde que Ele se meteu na tua vida – obrigado, meu

Deus! –, ris e cantas, e levas o sorriso, o Amor e a felicidade aonde quer que vás.

82 Muitos se sentem infelizes, precisamente por terem demasiado de tudo. – Os cristãos, se verdadeiramente se comportam como filhos de Deus, poderão passar incomodidades, calor, fadiga, frio... Mas jamais lhes faltará a alegria, porque isso – tudo! –, quem o dispõe ou permite é Ele, e Ele é a fonte da verdadeira felicidade.

83 Diante de um panorama de homens sem fé, sem esperança; perante cérebros que se agitam, à beira da angústia, procurando uma razão de ser para a vida, tu encontraste uma meta: Ele!

E esta descoberta injetará permanentemente na tua existência uma alegria nova, transformar-te-á, e te apresentará uma imensidade diária de coisas formosas que te eram desconhecidas, e que mostram a gozosa amplidão desse caminho largo que te conduz a Deus.

84 A tua felicidade na terra identifica-se com a tua fidelidade à fé, à pureza e ao caminho que o Senhor te traçou.

85 Dá graças a Deus por estares contente, com uma alegria profunda que não sabe ser ruidosa.

86 Com Deus – pensava –, cada novo dia me parece mais atrativo. Vou vivendo aos "pedacinhos". Um dia, acho magnífico um detalhe; outro, descubro um panorama que antes não tinha notado... A este passo, não sei o que acontecerá com o decorrer do tempo.

Depois, reparei que Ele me assegurava: Pois olha, cada dia será maior o teu contentamento, porque aprofundarás mais e mais na aventura divina, na "complicação" tão grande em que te meti. E verificarás que Eu não te abandono.

87 A alegria é uma consequência da entrega. Confirma-se em cada volta da nora*.

(*) A nora é um aparelho usado em algumas regiões da Europa para extrair água de poços e cisternas; costuma ser acionado por animais que giram à volta do poço. O Autor reporta-se aqui ao n. 998 de *Caminho*, onde se fala do burrinho dando voltas à nora, como símbolo da fecundidade da perseverança (N. do T.).

ALEGRIA

88 Que alegria imutável te causa o haveres-te entregado a Deus!... E que inquietação, e que ânsias hás de ter de que todos participem da tua alegria!

89 Tudo o que agora te preocupa cabe dentro de um sorriso, esboçado por amor de Deus.

90 Otimismo? Sempre! Também quando as coisas correm aparentemente mal: talvez seja essa a altura de romperes a cantar, com um Glória, porque te refugiaste nEle, e dEle só te pode vir o bem.

91 Esperar não significa começar a ver a luz, mas confiar de olhos fechados em que o Senhor a possui plenamente e vive nessa claridade. Ele é a Luz.

92 Dever de cada cristão é levar a paz e a felicidade pelos diversos ambientes da terra, numa cruzada de fortaleza e de alegria, que sacuda até os corações murchos e apodrecidos, e os levante para Ele.

93 Se arrancares pela raiz qualquer assomo de inveja, e te alegrares sinceramente com os êxitos dos outros, não perderás a alegria.

94 Aquele amigo abordou-me: "Disseram-me que estás apaixonado". – Fiquei muito surpreso e só me ocorreu perguntar-lhe quem lhe tinha dado a notícia.

Confessou-me que a lia nos meus olhos, que brilhavam de alegria.

95 Como seria o olhar alegre de Jesus! O mesmo que brilharia nos olhos de sua Mãe, que não pode conter a alegria – «Magnificat anima mea Dominum!» – e a sua alma glorifica o Senhor, desde que O traz dentro de si e a seu lado.

Oh, Mãe! Que a nossa alegria seja, como a tua, a alegria de estar com Ele e de O ter.

AUDÁCIA

96 Não sejais almas de "bitola estreita", homens ou mulheres menores de idade, de vistas curtas, incapazes de abarcar o nosso horizonte sobrenatural cristão de filhos de Deus. Deus e audácia!

97 Audácia não é imprudência, nem ousadia irrefletida, nem simples atrevimento.
A audácia é fortaleza, virtude cardeal, necessária para a vida da alma.

98 Tu te decidiste, mais por reflexão do que por fogo e entusiasmo. Não houve lugar para o sentimento, embora desejasses tê-lo: tu te entregaste quando te convenceste de que Deus assim o queria.

E, a partir daquele instante, não voltaste a "sentir" nenhuma dúvida séria; sentiste, pelo contrário, uma alegria tranquila, serena, que de vez em quando transborda. Assim paga Deus as audácias do Amor.

99 Li certa vez um provérbio muito popular em alguns países: "O mundo é de Deus, mas Deus o aluga aos valentes". E fez-me refletir.
– Que estás esperando?

100 Não sou o apóstolo que deveria ser. Sou... o tímido.
– Não estarás apequenado, porque o teu amor é curto? – Reage!

101 As dificuldades encolheram-te, e te tornaste "prudente, moderado e objetivo".
– Lembra-te de que sempre desprezaste esses termos, quando são sinônimos de covardia, apoucamento e comodismo.

102 Medo? É próprio dos que sabem que agem mal. Tu, nunca.

103 Há uma quantidade bem considerável de cristãos que seriam apóstolos..., se não tivessem medo.

São os mesmos que depois se queixam,

porque o Senhor – dizem! – os abandona. Que fazem eles com Deus?

104 "Somos muitos; com a ajuda de Deus, podemos chegar a toda a parte", comentam entusiasmados.
— Então, por que te amedrontas? Com a graça divina, podes chegar a ser santo, que é o que interessa.

105 Quando a consciência remorde, por termos deixado de realizar uma coisa boa, é sinal de que o Senhor queria que não a omitíssemos.
— É verdade. Além disso, tem por certo que "podias" tê-la feito, com a graça de Deus.

106 Não o esqueçamos: no cumprimento da Vontade Divina, as dificuldades se ultrapassam por cima..., ou por baixo..., ou ao largo. Mas... ultrapassam-se!

107 Quando se trabalha por expandir um empreendimento apostólico, o "não" nunca é uma resposta definitiva. Insiste!

108 És demasiado "precavido" ou demasiado pouco "sobrenatural" e, por isso, pecas por esperto: não inventes tu mesmo os "senões", nem queiras afastá-los todos.

– Talvez aquele que te escuta seja menos "esperto" ou mais "generoso" do que tu e, como conta com Deus, não te levantará tantos poréns.

109 Há uns modos de agir tão prudenciais que, numa palavra, significam pusilanimidade.

110 Convence-te: quando se trabalha por Deus, não há dificuldades que não se possam superar, nem desalentos que façam abandonar a tarefa, nem fracassos dignos deste nome, por mais infrutíferos que se apresentem os resultados.

111 A tua fé é demasiado pouco operativa: dir-se-ia que é de carola, mais do que de homem que luta por ser santo.

112 Serenidade! Audácia!
Desbarata com essas virtudes a "quinta coluna" dos tíbios, dos assustados, dos traidores.

113 Asseguraste-me que querias lutar sem tréguas. E agora me vens de asa caída.
Olha, até humanamente, convém que não te

deem tudo resolvido, sem obstáculos. Alguma coisa – muito! – te cabe fazer a ti. Senão, como hás de "fazer-te" santo?

114 Não te lanças a trabalhar nesse empreendimento sobrenatural, porque – assim o dizes – tens medo de não saber agradar, de tomar medidas infelizes.
– Se pensasses mais em Deus, essas sem-razões desapareceriam.

115 Às vezes penso que uns poucos inimigos de Deus e da sua Igreja vivem do medo de muitos bons, e encho-me de vergonha.

116 Enquanto conversávamos, afirmava-me que preferia não sair nunca do tugúrio onde vivia, porque gostava mais de contar as vigas da "sua" estrebaria do que as estrelas do céu.
– Assim são muitos, incapazes de prescindir das suas coisinhas, para levantar os olhos ao céu. Já é tempo de que adquiram uma visão de mais altura!

117 Compreendo a alegria sobrenatural e humana daquele homem que tinha a sorte de ser um ponta-de-lança na semeadura divina.
"É esplêndido sentir-se único, para sacudir

toda uma cidade e seus arredores", repetia para si mesmo, com muita convicção.

— Não esperes até contar com mais meios ou até que venham outros: as almas precisam de ti hoje, agora.

118 Sê atrevido na tua oração, e o Senhor te transformará de pessimista em otimista; de tímido em audaz; de acanhado de espírito em homem de fé, em apóstolo!

119 Os problemas que antes te oprimiam — pareciam-te altíssimas cordilheiras — desapareceram por completo, resolveram-se à maneira divina, como quando o Senhor mandou aos ventos e às águas que se acalmassem.

— E pensar que ainda duvidavas!

120 "Não ajudem tanto o Espírito Santo!", dizia um amigo, brincando, mas com muito medo.

— Respondi: penso que "O ajudamos" pouco.

121 Quando vejo tantas covardias, tantas falsas prudências..., neles e nelas, ardo em desejos

de lhes perguntar: então a fé e a confiança são para pregar, não para praticar?

122 Encontras-te numa atitude que te parece bastante estranha: por um lado, empequenecido, ao olhares para dentro; e, por outro, seguro, animado, ao olhares para cima.
– Não te preocupes: é sinal de que te vais conhecendo melhor e – isso, sim, é o que importa! – de que O vais conhecendo melhor a Ele.

123 Viste? Com Ele, pudeste! De que te admiras?
– Convence-te: não tens de que maravilhar-te. Confiando em Deus – confiando deveras! –, as coisas tornam-se fáceis. E, além disso, ultrapassa-se sempre o limite do imaginado.

124 Queres viver a audácia santa, para conseguir que Deus atue através de ti? – Recorre a Maria, e Ela te acompanhará pelo caminho da humildade, de modo que, diante dos impossíveis para a mente humana, saibas responder com um «fiat!» – faça-se! – que una a terra ao Céu.

LUTAS

125 Nem todos podem chegar a ser ricos, sábios, famosos... Em contrapartida, todos – sim, "todos" – somos chamados a ser santos.

126 Ser fiel a Deus exige luta. E luta corpo a corpo, homem a homem – homem velho e homem de Deus –, detalhe a detalhe, sem claudicar.

127 A provação, não o nego, está ficando demasiado dura: tens que subir ladeira acima, a "contragosto".

– Que te aconselho? – Repete: «Omnia in bonum!», tudo o que sucede, "tudo o que me sucede", é para meu bem... Por conseguinte –

esta é a conclusão acertada –, aceita isso, que te parece tão custoso, como uma doce realidade.

128 Hoje não bastam mulheres ou homens bons. – Além disso, não é suficientemente bom aquele que se contenta com ser... quase bom: é preciso ser "revolucionário".

Perante o hedonismo, perante a carga pagã e materialista que nos oferecem, Cristo quer anticonformistas!, rebeldes de Amor!

129 A santidade, o verdadeiro afã por alcançá-la, não faz pausas nem tira férias.

130 Alguns comportam-se, ao longo da vida, como se o Senhor tivesse falado de entrega e de conduta reta somente àqueles a quem não custasse – não existem! – ou aos que não precisassem lutar.

Esquecem que, para todos, Jesus disse: o Reino dos Céus arrebata-se com violência, com a luta santa de cada instante.

131 Que ânsias têm muitos de reformar!

Não seria melhor que nos reformássemos todos – cada um –, para cumprirmos fielmente o que está mandado?

132 Vais chapinhando nas tentações, pões-te em perigo, brincas com a vista e com a imaginação, ficas conversando sobre... estupidezes. – E depois te assustas por te assaltarem dúvidas, escrúpulos, confusões, tristeza e desalento.

– Tens de admitir que és pouco consequente.

133 Depois do entusiasmo inicial, começaram as vacilações, os titubeios, os temores. – Preocupam-te os estudos, a família, o problema econômico e, sobretudo, o pensamento de que não consegues, de que talvez não sirvas, de que te falta experiência da vida.

Eu te darei um meio seguro para venceres esses temores – tentações do diabo ou da tua falta de generosidade! –: "despreza-os", tira da tua memória essas lembranças. Já o pregou de modo terminante o Mestre há vinte séculos: "Não olhes para trás!"

134 Temos de fomentar em nossas almas um verdadeiro horror ao pecado. Senhor – repete-o de coração contrito –, que eu não Te ofenda mais!

Mas não te assustes ao notares o lastro do pobre corpo e das humanas paixões: seria tolo e ingenuamente pueril que descobrisses agora que "isso" existe. A tua miséria não é obstáculo, mas acicate para que te unas mais a Deus, para que O procures com constância, porque Ele nos purifica.

135 Se a imaginação ferve em torno de ti mesmo, cria situações ilusórias, cenários que, ordinariamente, não combinam com o teu caminho, que te distraem tolamente, te esfriam e te afastam da presença de Deus. – Vaidade.

Se a imaginação volteia em torno dos outros, cais facilmente no defeito de julgá-los – quando não tens essa missão –, e interpretas de modo rasteiro e pouco objetivo o seu comportamento. – Juízos temerários.

Se a imaginação esvoaça sobre os teus próprios talentos e modos de dizer, ou sobre o clima de admiração que despertas nos outros, expões-te a perder a retidão de intenção e a dar pasto à soberba.

Geralmente, soltar a imaginação implica uma perda de tempo, mas, além disso, quando não é dominada, abre passagem a um filão de tentações voluntárias.

– Não abandones nenhum dia a mortificação interior!

136 Não tenhas a ingenuidade tola de pensar que tens de sofrer tentações para te certificares de que estás firme no caminho. Seria como desejar que te parassem o coração, para demonstrares a ti mesmo que queres viver.

137 Não dialogues com a tentação. Deixa-me que te repita: tem a coragem de fugir, e a energia de não apalpar a tua fraqueza, pensando até onde poderias chegar. Corta, sem concessões!

138 Não tens desculpa nenhuma. A culpa é só tua. Se sabes – conheces-te o bastante – que, por esse caminho – com essas leituras, com essa companhia... –, podes acabar no precipício, por que te obstinas em pensar que talvez seja um atalho que facilita a tua formação ou que amadurece a tua personalidade?

Muda radicalmente o teu plano, ainda que te exija mais esforço, menos diversões ao alcance da mão. Já é tempo de que te comportes como uma pessoa responsável.

139 Dói muito ao Senhor a inconsciência de tantos e de tantas, que não se esforçam por evitar os pecados veniais deliberados. É o normal –

pensam e justificam-se –, porque nesses tropeços caímos todos!

Ouve-me com atenção: também a maioria daquela chusma, que condenou Cristo e lhe deu a morte, começou apenas por gritar – como os outros! –, por afluir ao Horto das Oliveiras – com os outros! – ...

No fim, empurrados também pelo que "todos" faziam, não souberam ou não quiseram retroceder..., e crucificaram Jesus!

Agora, ao cabo de vinte séculos, ainda não aprendemos.

140 Altos e baixos. Tens muitos – demasiados! – altos e baixos.

A razão é clara: até aqui, levaste uma vida fácil, e não queres reconhecer que entre "desejar" e "dar-se" há uma distância notável.

141 Como necessariamente, mais cedo ou mais tarde, terás de tropeçar com a evidência da tua própria miséria pessoal, quero prevenir-te contra algumas tentações, que o diabo te insinuará nessa altura e que tens de repelir imediatamente: o pensamento de que Deus se esqueceu de ti, de que a tua chamada para o apostolado é vã, ou de que o peso da dor e dos

pecados do mundo é superior às tuas forças de apóstolo...
— Nada disso é verdade!

142 Se lutas de verdade, precisas fazer exame de consciência.
— Cuida do exame diário: vê se sentes dor de Amor por não tratares Nosso Senhor como deverias.

143 Assim como muitos comparecem à colocação das "primeiras pedras", sem se preocuparem de saber se depois se acabará a obra iniciada, assim os pecadores se iludem com as "últimas vezes".

144 Quando se trata de "cortar" — não o esqueças —, a "última vez" tem de ser a anterior, a que já passou.

145 Aconselho-te que experimentes alguma vez voltar... ao começo da tua "primeira conversão", coisa que, se não é fazer-se como criança, é muito parecida: na vida espiritual, é preciso deixar-se guiar com inteira confiança, sem medos nem duplicidades; é preciso falar com absoluta clareza daquilo que se tem na cabeça e na alma.

146 Como podes sair desse estado de tibieza, de lamentável languidez, se não empregas os meios? Lutas muito pouco e, quando te esforças, o fazes como que por zanga e com fastio, quase com o desejo de que os teus débeis esforços não produzam efeito, para assim te autojustificares: para não te exigires e para que não te exijam mais.

— Estás cumprindo a tua vontade; não a de Deus. Enquanto não mudares, a sério, nem serás feliz nem conseguirás a paz que agora te falta.

— Humilha-te diante de Deus, e procura querer de verdade.

147 Que perda de tempo, e que visão tão humana, quando reduzem tudo a táticas, como se aí estivesse o segredo da eficácia.

— Esquecem-se de que a "tática" de Deus é a caridade, o Amor sem limites: assim venceu Ele a distância invencível que o homem, com o pecado, abre entre o Céu e a terra.

148 Deves ter uma sinceridade "selvagem" no exame de consciência; quer dizer, coragem: a mesma com que te olhas ao espelho, para saber onde te feriste ou onde te manchaste, ou onde estão os teus defeitos, que tens de eliminar.

149 Preciso prevenir-te contra uma argúcia de "satanás" – assim, com minúscula!, porque não merece mais –, que tenta servir-se das circunstâncias mais correntes para nos desviar pouco ou muito do caminho que nos leva a Deus.

Se lutas, e mais ainda se lutas de verdade, não deves estranhar que sobrevenha o cansaço ou o tempo de "andar a contragosto", sem nenhum consolo espiritual ou humano. Olha o que me escreviam há tempos, e que conservei pensando em alguns que consideram ingenuamente que a graça prescinde da natureza: "Padre, desde há alguns dias, estou com uma preguiça e uma apatia tremendas para cumprir o plano de vida; faço tudo à força e com muito pouco espírito. Peça por mim, para que passe logo esta crise, que me faz sofrer muito pensando em que pode desviar-me do caminho".

– Limitei-me a responder: não sabias que o Amor exige sacrifício? Lê devagar as palavras do Mestre: "Quem não toma a sua Cruz «quotidie» – cada dia – não é digno de Mim". E mais adiante: "Não vos deixarei órfãos..." O Senhor permite essa tua aridez, que se torna tão dura para ti, para que O ames mais, para que confies somente nEle, para que corredimas com a Cruz, para que O encontres.

150 Como o diabo parece pouco esperto!, comentavas-me. Não entendo a sua estupidez: sempre as mesmas ciladas, as mesmas falsidades...

Tens toda a razão. Mas nós, os homens, somos ainda menos espertos, e não aprendemos a escarmentar em cabeça alheia... E satanás conta com tudo isso, para nos tentar.

151 Ouvi dizer certa vez que nas grandes batalhas se repete um fenômeno curioso. Ainda que a vitória esteja assegurada de antemão pela superioridade numérica e de meios, depois, no fragor do combate, não faltam momentos em que a derrota ameaça, pela debilidade de um setor. Chegam então as ordens terminantes do alto comando, e cobrem-se as brechas do flanco em dificuldade.

– Pensei em ti e em mim. Com Deus, que não perde batalhas, seremos sempre vencedores. Por isso, no combate pela santidade, se te sentes sem forças, escuta as ordens, faz caso, deixa-te ajudar..., porque Ele não falha.

152 Abriste sinceramente o coração ao teu Diretor, falando na presença de Deus..., e foi maravilhoso verificar como tu sozinho ias en-

contrando resposta adequada às tuas tentativas de evasão.

Amemos a direção espiritual!

153 Concedo: comportas-te decorosamente... Mas, deixa-me que te fale com sinceridade: com esse passo arrastado – reconhece-o –, além de não seres feliz por inteiro, ficas muito longe da santidade.

Por isso te pergunto: é mesmo verdade que te comportas decorosamente? Não terás um conceito errado do decoro?

154 Assim, bobeando, com essa frivolidade interior e exterior, com essas vacilações em face da tentação, com esse querer sem querer, é impossível que avances na vida interior.

155 Sempre pensei que muitos chamam "amanhã", "depois", à resistência à graça.

156 Outro paradoxo do caminho espiritual: a alma que tem menos necessidade de uma reforma da sua conduta, empenha-se mais em consegui-la, não se detém até alcançá-la. E ao contrário.

157 Às vezes, inventas "problemas", porque não vais à raiz dos teus modos de comportar-te.

— A única coisa de que precisas é de uma decidida mudança de frente de batalha: cumprir lealmente o teu dever e ser fiel às indicações que te deram na direção espiritual.

158 Notaste com mais força a urgência, a "ideia fixa" de ser santo; e recorreste à luta quotidiana sem vacilações, persuadido de que tens de cortar valentemente qualquer sintoma de aburguesamento.

Depois, enquanto falavas com o Senhor na tua oração, compreendeste com maior clareza que luta é sinônimo de Amor, e pediste-Lhe um Amor maior, sem medo ao combate que te espera, porque combaterás por Ele, com Ele e nEle.

159 Complicações?... Sê sincero, e reconhece que preferes ser escravo de um egoísmo teu, ao invés de servires a Deus ou àquela alma. — Cede!

160 «Beatus vir qui suffert tentationem...» — bem-aventurado o homem que sofre tentação, porque, depois de ter sido provado, receberá a coroa da Vida.

Não te cumula de alegria verificar que esse esporte interior é uma fonte de paz que nunca se esgota?

161   «Nunc coepi!» – agora começo! É o grito da alma apaixonada que, em cada instante, quer tenha sido fiel, quer lhe tenha faltado generosidade, renova o seu desejo de servir – de amar! – o nosso Deus com uma lealdade sem brechas.

162   Doeu-te na alma quando te disseram: tu, o que procuras não é a conversão, mas um estojo para as tuas misérias..., para assim continuares a arrastar comodamente – mas com sabor a azebre! – essa triste carga.

163   Não sabes se o que se apoderou de ti será abatimento físico ou uma espécie de cansaço interior, ou as duas coisas ao mesmo tempo...: lutas sem luta, sem ânsias de uma autêntica melhora positiva que te leve a comunicar a alegria e o amor de Cristo às almas.

Quero recordar-te as palavras claras do Espírito Santo: só será coroado aquele que tiver combatido «legitime» – de verdade, apesar dos pesares.

164 Poderia comportar-me melhor, ser mais decidido, esbanjar mais entusiasmo... Por que não o faço?

Porque – perdoa a minha franqueza – és um bobo: o diabo sabe perfeitamente que uma das portas da alma mais mal guardadas é a da tontice humana: a vaidade. Agora carrega por aí, com todas as suas forças: recordações pseudossentimentais, complexo de ovelha negra com visão histérica, impressão de uma hipotética falta de liberdade...

Que estás esperando para entender a sentença do Mestre: "Vigiai e orai, porque não sabeis nem o dia nem a hora"?

165 Comentaste com ar fanfarrão e inseguro: uns sobem e outros descem... E outros – como eu! – estamos deitados ao comprido no caminho.

Causou-me tristeza a tua indolência, e acrescentei: os mandriões são puxados a reboque pelos que sobem; e, geralmente, com mais força pelos que descem. Pensa no descaminho tão penoso que buscas para ti!

▷

Já o apontava o santo bispo de Hipona*: não avançar é retroceder.

166 Na tua vida, há duas peças que não se encaixam: a cabeça e o sentimento.

A inteligência – iluminada pela fé – mostra-te claramente não só o caminho, mas a diferença entre a maneira heroica e a maneira estúpida de percorrê-lo. Sobretudo, põe diante de ti a grandeza e a formosura divina das tarefas que a Trindade deixa em nossas mãos.

O sentimento, pelo contrário, apega-se a tudo o que desprezas, mesmo que continues a considerá-lo desprezível. É como se mil e uma insignificâncias estivessem esperando qualquer oportunidade, e logo que a tua pobre vontade se debilita – por cansaço físico ou pela perda de sentido sobrenatural –, essas ninharias se amontoam e se agitam na tua imaginação, até formarem uma montanha que te oprime e te desanima: as asperezas do trabalho; a resistência em obedecer; a falta de meios; os fogos de artifício de uma vida regalada; pequenas e grandes tentações repugnantes; vergastadas de sentimentalismo; a fadiga; o sabor amargo da mediocrida-

---

(*) Santo Agostinho (N. do T.).

de espiritual... E, às vezes, também o medo: medo porque sabes que Deus te quer santo e não o és.

Permite-me que te fale com crueza. Sobram-te "motivos" para voltar atrás, e falta-te arrojo para corresponder à graça que Ele te concede, porque te chamou para seres outro Cristo, «ipse Christus!» – o próprio Cristo. Esqueceste a admoestação do Senhor ao Apóstolo: "Basta-te a minha graça!", que é uma confirmação de que, se quiseres, podes.

167 Recupera o tempo que perdeste descansando sobre os louros da complacência em ti mesmo, por te julgares uma pessoa boa, como se fosse suficiente ir levando, sem roubar nem matar.

Aperta o passo na piedade e no trabalho: falta-te ainda tanto por andar! Convive de bom grado com todos, também com os que te incomodam; e esforça-te por amar – por servir! – aqueles que antes desprezavas.

168 Mostraste as tuas misérias passadas – cheias de pus – na confissão. E o sacerdote atuou na tua alma como um bom médico, como um médico honesto: cortou onde era preciso, e

não permitiu que a ferida fechasse enquanto não se completasse a limpeza. – Agradece-o.

169 Dá muito bom resultado empreender as coisas sérias com espírito esportivo... Perdi várias jogadas? Muito bem, mas – se perseverar – no fim ganharei.

170 Converte-te agora, enquanto ainda te sentes jovem... Como é difícil retificar quando a alma envelheceu!

171 «Felix culpa!», canta a Igreja*... Abençoado erro o teu – repito-te ao ouvido –, se te serviu para não recair; e também para melhor compreenderes e ajudares o próximo, que não é de qualidade inferior à tua.

172 Será possível – perguntas depois de teres repelido a tentação –, será possível, Senhor, que eu seja... esse outro?

(*) Palavras da liturgia da Vigília pascal em que a Igreja, cantando o triunfo de Cristo ressuscitado, evoca o pecado dos nossos primeiros pais e exclama: "Ó feliz culpa, que mereceu a graça de um tão grande Redentor!" (N. do T.).

173 Vou resumir a tua história clínica: aqui caio e acolá me levanto... Este último ponto é que é importante. – Continua com essa luta íntima, ainda que avances a passo de tartaruga. Para a frente!

– Bem sabes, filho, até onde podes chegar, se não lutas: o abismo chama outros abismos.

174 Estás envergonhado, diante de Deus e dos outros. Descobriste em ti ronha velha e renovada: não há instinto, nem tendência ruim, que não sintas à flor da pele... e tens a nuvem da incerteza no coração. Além disso, a tentação aparece quando menos queres ou quando menos a esperas, quando por fadiga a tua vontade amolece.

Já nem sabes se te humilha, embora te doa ver-te assim... Mas que te doa por Ele, por Amor dEle; esta contrição de amor ajudar-te-á a permanecer vigilante, porque a luta durará enquanto vivermos.

175 Que grandes desejos te consomem de confirmar a entrega que um dia fizeste: saber-te e viver como filho de Deus!

– Coloca nas mãos do Senhor as tuas muitas misérias e infidelidades. Também porque é o único modo de aliviares o seu peso.

176 Renovação não é relaxamento.

177 Dias de retiro. Recolhimento para conhecer a Deus, para te conheceres e assim progredir. Um tempo necessário para descobrir em que coisas e de que modo é preciso reformar-se: que tenho de fazer?, que devo evitar?

178 Que não volte a repetir-se o que aconteceu no ano passado.
– "Como foi o retiro?", perguntaram-te. E respondeste: "Descansamos muito bem".

179 Dias de silêncio e de graça intensa... Oração face a face com Deus...

Desatei em ação de graças ao contemplar aquelas pessoas, graves pelos anos e pela experiência, que se abriam aos toques divinos e correspondiam como crianças, entusiasmadas com a possibilidade de ainda converterem a sua vida em algo útil..., que apagasse todos os seus descaminhos e todos os seus esquecimentos.

Recordando aquela cena, encareci-te: não descures a tua luta na vida de piedade.

180 «Auxilium christianorum!» – Auxílio dos cristãos, reza com toda a segurança a ladainha de Nossa Senhora. Experimentaste repetir essa jaculatória nos teus transes difíceis? Se o fizeres com fé, com ternura de filha ou de filho, verificarás a eficácia da intercessão de tua Mãe Santa Maria, que te levará à vitória.

PESCADORES DE HOMENS

181 Enquanto conversávamos, víamos as terras daquele continente. – Iluminaram-se os teus olhos, encheu-se de impaciência a tua alma e, com o pensamento naquelas gentes, disseste-me: será possível que, do outro lado destes mares, a graça de Cristo se torne ineficaz?

Depois, tu mesmo deste a resposta: Ele, na sua bondade infinita, quer servir-se de instrumentos dóceis.

182 Como te inspiram compaixão!... Quererias gritar-lhes que estão perdendo o tempo... Por que são tão cegos e não percebem o que tu – miserável – já viste? Por que não hão de preferir o melhor?

– Reza, mortifica-te, e depois – tens obrigação disso! – desperta-os um a um, explicando-lhes – também um a um – que, tal como tu, podem encontrar um caminho divino, sem abandonar o lugar que ocupam na sociedade.

183 Começaste com muito brio. Mas pouco a pouco te foste encolhendo... E vais acabar metido na tua pobre carapaça, se continuas a empequenecer o teu horizonte.
— Tens de alargar cada vez mais o teu coração, com fomes de apostolado! De cem almas, interessam-nos as cem.

184 Agradece ao Senhor a contínua delicadeza, paternal e maternal, com que Ele te trata.

Tu, que sempre sonhaste com grandes aventuras, te comprometeste num empreendimento maravilhoso..., que te leva à santidade.

Insisto: agradece-o a Deus, com uma vida de apostolado.

185 Quando te lançares ao apostolado, convence-te de que se trata sempre de fazer felizes, muito felizes, as pessoas: a Verdade é inseparável da autêntica alegria.

186 Pessoas de diversas nações, de diferentes raças, de ambientes e profissões muito distintos... Ao falar-lhes de Deus, apalpas o valor humano e sobrenatural da tua vocação de apóstolo. É como se revivesses, na sua realidade total, o milagre da primeira pregação dos discípulos do Senhor: frases ditas em língua estranha, mostrando um caminho novo, foram ouvidas por cada um no fundo do seu coração, na sua própria língua. E passa pela tua cabeça, ganhando vida nova, a cena em que "partos, medos e elamitas..." se aproximaram felizes de Deus.

187 Ouve-me bem e serve-me de eco: o cristianismo é Amor; o trato com Deus é diálogo eminentemente afirmativo; a preocupação pelos outros – o apostolado – não é um artigo de luxo, ocupação de alguns poucos.

– Agora que o sabes, enche-te de alegria, porque a tua vida adquiriu um sentido completamente distinto. E sê consequente.

188 Naturalidade, sinceridade, alegria: condições indispensáveis, no apóstolo, para atrair as pessoas.

189 Não podia ser mais simples a maneira como Jesus chamou os primeiros doze: "Vem e segue-me".

Para ti, que procuras tantas desculpas para

não continuar essa tarefa, ajusta-se como uma luva à mão a consideração de que bem pobre era a ciência humana daqueles primeiros; e, no entanto, como abalaram os que os escutavam!

Não o esqueças: o trabalho, é Ele que continua a fazê-lo, através de cada um de nós.

190 As vocações de apóstolo, é Deus quem as envia. Mas tu não deves deixar de empregar os meios: oração, mortificação, estudo ou trabalho, amizade, sentido sobrenatural..., vida interior!

191 Quando te falo de "apostolado de amizade", refiro-me a uma amizade "pessoal", sacrificada, sincera: de tu a tu, de coração a coração.

192 No apostolado de amizade e confidência, o primeiro passo é a compreensão, o serviço... e a santa intransigência na doutrina.

193 Os que encontraram Cristo não podem fechar-se no seu ambiente: triste coisa seria esse empequenecimento! Têm que abrir-se em leque para chegar a todas as almas. Cada um tem que criar – e ampliar – um círculo de amigos, no qual influa com o seu prestígio profissional, com a sua conduta, com a sua amizade, procurando que Cristo influa por meio desse prestígio profissional, dessa conduta, dessa amizade.

194 Tens de ser uma brasa acesa, que leve fogo a toda a parte. E, onde o ambiente for incapaz de arder, tens de aumentar a sua temperatura espiritual.

— Senão, estás perdendo o tempo miseravelmente, e fazendo-o perder aos que te rodeiam.

195 Quando há zelo pelas almas, sempre se encontra gente boa, sempre se descobre terreno adubado. Não há desculpas!

196 Convence-te: também aí há muitos que podem entender o teu caminho; almas que – consciente ou inconscientemente – procuram Cristo e não O encontram. Mas "como ouvirão falar dEle, se ninguém lhes fala?"

197 Não me digas que cuidas da tua vida interior, se não fazes um apostolado intenso, sem pausas: o Senhor – com Quem me garantes ter um trato íntimo – quer que todos os homens se salvem.

198 Esse caminho é muito difícil, disse-te ele. E, ao ouvi-lo, concordaste ufano, lembrando-te de que a Cruz é o sinal certo do caminho verdadeiro... Mas o teu amigo reparou somente na parte áspera da senda, sem ter em conta a promessa de Jesus: "O meu jugo é suave".

Lembra-lhe isso, porque – quando o souber – talvez se entregue.

199 Diz que não tem tempo?... Muito melhor. Precisamente os que não têm tempo é que interessam a Cristo.

200 Ao considerares que são muitos os que desaproveitam a grande oportunidade, e deixam Jesus passar ao largo, pensa: de onde me veio a mim essa chamada clara, tão providencial, que me mostrou o meu caminho?

– Medita nisto diariamente: o apóstolo tem de ser sempre outro Cristo, o próprio Cristo.

201 Não te surpreendas e não te encolhas porque ele te censurou que o tivesses posto frente a frente com Cristo, nem porque acrescentou, indignado: "Já não posso viver tranquilo sem tomar uma decisão..."

Reza por ele... É inútil que procures tranquilizá-lo: talvez lhe tenha aflorado uma antiga inquietação, a voz da sua consciência.

202 Escandalizam-se contigo porque falas de entrega a pessoas que nunca tinham pensado nesse problema?...
— Muito bem, e daí? Se tu tens vocação de apóstolo de apóstolos!

203 Não atinges as pessoas porque falas uma "língua" diferente. Aconselho-te a naturalidade.
Essa tua formação, tão artificial!

204 Vacilas em lançar-te a falar de Deus, de vida cristã, de vocação..., porque não queres fazer sofrer?... Esqueces que não és tu quem chama, mas Ele: «Ego scio quos elegerim» – Eu sei muito bem a quem escolhi.

Além disso, desgostar-me-ia que, por trás desses falsos respeitos, se escondesse o comodismo ou a tibieza: a estas alturas, ainda preferes uma pobre amizade humana à amizade de Deus?

205 Tiveste uma conversa com esse, com aquele, com aquele outro, porque te consome o zelo pelas almas.

Aquele ficou com medo; o outro consultou um "prudente", que o orientou mal... – Persevera: que ninguém possa depois desculpar-se afirmando «quia nemo nos conduxit» – que ninguém nos chamou.

206 Compreendo a tua impaciência santa, mas ao mesmo tempo tens de considerar que alguns precisam pensar muito, que outros irão correspondendo com o tempo... Espera-os de braços abertos: condimenta a tua impaciência santa com oração e mortificação abundantes. Acabarão vindo mais jovens e generosos; terão sacudido o seu aburguesamento e serão mais valentes.

Como Deus os espera!

207 A fé é um requisito imprescindível no apostolado, que muitas vezes se manifesta na constância em falar de Deus, ainda que os frutos demorem a vir.

Se perseverarmos, se insistirmos, bem convencidos de que o Senhor assim o quer, também à tua volta, por toda a parte, se irão notando sinais de uma revolução cristã: uns haverão de entregar-se, outros tomarão a sério a sua vida interior, e outros – os mais fracos – ficarão pelo menos alertados.

208 Dias de autêntico alvoroço: mais três!

Cumprem-se as palavras de Jesus: "Meu Pai é glorificado em que deis muito fruto e sejais meus discípulos".

209 Fizeste-me sorrir – porque te entendo muito bem – quando me dizias: "Entusiasma-me a possibilidade de ir a novas terras, para abrir brecha, talvez muito longe... Preciso averiguar se há homens na lua".

– Pede ao Senhor que te aumente esse zelo apostólico.

210 Por vezes, diante dessas almas adormecidas, dá uma vontade louca de gritar-lhes, de sacudi-las, de fazê-las reagir, para que saiam dessa modorra terrível em que se acham mergulhadas. É tão triste ver como andam, tateando como cegos, sem acertar com o caminho!

– Como compreendo esse pranto de Jesus por Jerusalém, fruto da sua caridade perfeita...

211 Aprofunda cada dia na raiz apostólica da tua vocação cristã. – O Senhor instalou há vinte séculos – para que tu e eu o proclamássemos ao ouvido dos homens – um centro de alistamento, aberto a todos os que têm um coração sincero e capacidade de amar... Que chamadas mais claras queres do que o «ignem veni mittere in terram» – vim trazer fogo à terra – e a consideração desses dois bilhões e quinhentos milhões de almas que ainda não conhecem Cristo!

212 «Hominem non habeo» – não tenho ninguém que me ajude. É o que poderiam afirmar – infelizmente! – muitos doentes e paralíticos do espírito, que podem servir... e devem servir.
Senhor: que eu nunca fique indiferente perante as almas.

213 Ajuda-me a pedir um novo Pentecostes, que abrase outra vez a terra.

214 "Se algum dos que me seguem não aborrece seu pai e sua mãe, e a mulher e os filhos, e os irmãos e irmãs, e mesmo a sua própria vida, não pode ser meu discípulo".
Cada vez vejo com mais clareza, Senhor, que os laços do sangue, se não passam pelo teu

Coração amabilíssimo, são, para uns, motivo permanente de cruz; para outros, origem de tentações – mais ou menos diretas – contra a perseverança; para outros ainda, causa de ineficácia absoluta; e, para todos, lastro que se opõe a uma entrega total.

215 A relha que revolve e abre o sulco, não vê a semente nem o fruto.

216 Depois da tua decisão, cada dia fazes uma nova descoberta. Lembras-te de ontem, quando te perguntavas constantemente: "E isto, como se faz...?", para continuares depois nas tuas dúvidas ou nos teus desencantos...

Agora, encontras sempre a resposta exata, fundamentada e clara. E, ao ouvires como respondem às tuas perguntas às vezes pueris, ocorre-te pensar: "Assim deve ter atendido Jesus os primeiros Doze".

217 Vocações, Senhor, mais vocações! Não me interessa se a semeadura foi minha ou de outro – semeaste Tu, Jesus, com as nossas mãos! –; somente sei que nos prometeste a maturidade do fruto: «et fructus vester maneat!» – que o vosso fruto será duradouro.

218 Sê claro. Se te dizem que vais "pescá-los", responde que sim, que é isso o que desejas... Mas..., que não se preocupem! Porque, se não têm vocação – se Ele não os chama –, não virão; e se a têm, que vergonha acabarem como o jovem rico do Evangelho: sós e tristes.

219 A tua tarefa de apóstolo é grande e bela. Estás no ponto de confluência da graça com a liberdade das almas; e assistes ao momento soleníssimo da vida de alguns homens: o seu encontro com Cristo.

220 Parece que vos escolheram um a um..., dizia alguém.
— E é assim mesmo!

221 Convence-te: é necessário que te formes bem, tendo em vista essa avalanche de gente que cairá sobre nós, com a pergunta precisa e exigente: – "Bom, o que há que fazer?"

222 Uma receita eficaz para o teu espírito apostólico: planos concretos, não de sábado para sábado, mas de hoje para amanhã, e de agora para daqui a pouco.

223 Cristo espera muito do teu trabalho. Mas tens de sair em busca das almas, como o Bom Pastor foi atrás da centésima ovelha: sem esperar que te chamem. Depois, serve-te dos teus amigos para fazer bem a outros: ninguém pode sentir-se tranquilo – dize-o a cada um – com uma vida espiritual que, depois de inundá-lo, não transborde em zelo apostólico.

224 Não é tolerável que percas o tempo com as tuas "bobagens", quando há tantas almas que te esperam.

225 Apostolado da doutrina: esse será sempre o teu apostolado.

226 A maravilha do Pentecostes é a consagração de todos os caminhos: nunca pode ser entendido como monopólio nem como preferência por um só em detrimento de outros.
Pentecostes é indefinida variedade de línguas, de métodos, de formas de encontro com Deus: não uniformidade violenta.

227 Escrevias-me: Juntou-se ao nosso grupo um rapaz jovem, que ia para o norte. Era mineiro de profissão. Cantava muito bem, e veio acompanhando o nosso coro. Rezei por ele até chegar à estação em que descia. Ao despedir-se, comentou: "Quanto gostaria de continuar a viagem com vocês!"

– Lembrei-me imediatamente do «mane nobiscum!» – fica conosco, Senhor!* –, e pedi-Lhe novamente, com fé, que os outros "O vissem" em cada um de nós, companheiros do "Seu caminho".

228 Pela "senda do justo descontentamento" foram-se embora – e continuam indo – as massas.

Dói..., mas quantos ressentidos não temos fabricado entre os que estão espiritual ou materialmente necessitados!

– É preciso voltar a meter Cristo entre os pobres e entre os humildes: é justamente entre eles que se sente mais a gosto.

229 Professor: que te entusiasme fazer compreender aos alunos, em pouco tempo, o que a

---

(*) Palavras com que os discípulos de Emaús instam Jesus ressuscitado a ficar em casa deles, pois anoitece (Lc 24, 29) (N. do T.).

ti te custou horas de estudo chegar a ver com clareza.

230 O desejo de "ensinar", e "ensinar com toda a alma", cria nos alunos um agradecimento que constitui terreno idôneo para o apostolado.

231 Gosto desse lema: "Cada caminhante siga o seu caminho" – aquele que Deus lhe traçou –, com fidelidade, com amor, ainda que custe.

232 Que lição tão extraordinária cada um dos ensinamentos do Novo Testamento! – Depois de o Mestre lhes ter dito, enquanto ascendia para a direita de Deus Pai: "Ide e pregai a todos os povos", os discípulos ficaram com paz. Mas ainda têm dúvidas: não sabem o que fazer, e reúnem-se com Maria, Rainha dos Apóstolos, para se converterem em zelosos pregoeiros da Verdade que salvará o mundo.

SOFRIMENTO

233 Comentavas-me que há cenas da vida de Jesus que te comovem mais: quando se põe em contacto com homens em carne viva..., quando leva a paz e a saúde aos que têm a alma e o corpo despedaçados pela dor... Entusiasmas-te – insistias – ao vê-Lo curar a lepra, devolver a vista, sarar o paralítico da piscina: o pobre de quem ninguém se lembra. Tu O contemplas, nesses momentos, tão profundamente humano, tão ao teu alcance!

— Pois olha..., Jesus continua a ser o mesmo de então.

234 Pediste ao Senhor que te deixasse sofrer um pouco por Ele. Mas depois, quando chega o padecimento em forma tão humana, tão normal – dificuldades e problemas familiares..., ou essas mil e uma insignificâncias da vida diária –, custa-te trabalho ver Cristo por trás disso. –

Abre com docilidade as tuas mãos a esses pregos..., e a tua dor se converterá em alegria.

235 Não te queixes, se sofres. Lapida-se a pedra que se estima, que tem valor.

Dói-te? – Deixa-te lapidar, com agradecimento, porque Deus te tomou nas suas mãos como um diamante... Não se trabalha assim um pedregulho vulgar.

236 Os que fogem covardemente do sofrimento têm matéria de meditação ao verem o entusiasmo com que outras almas abraçam a dor.

Não são poucos os homens e as mulheres que sabem padecer cristãmente. Sigamos o seu exemplo.

237 Lamentas-te?... E explicas-me, como se tivesses razão: uma alfinetada!... outra!...

– Mas não percebes que é uma tolice surpreender-se de que haja espinhos entre as rosas?

238 Deixa-me que, como até agora, continue a falar-te em confidência: basta-me ter diante de mim um Crucifixo para não me atrever a fa-

lar dos meus sofrimentos... E não me importo de acrescentar que tenho sofrido muito, sempre com alegria.

239 Não te compreendem?... Ele era a Verdade e a Luz, mas também os seus não O compreenderam. – Como tantas vezes te fiz considerar, lembra-te das palavras do Senhor: "Não é o discípulo mais do que o Mestre".

240 Para um filho de Deus, as contradições e as calúnias são, como para um soldado, feridas recebidas no campo de batalha.

241 Andas na boca de todos... Que importa o bom nome? De qualquer modo, não sintas vergonha nem pena por ti, mas por eles: pelos que te maltratam.

242 Umas vezes, não querem entender: estão como cegos... Mas, outras, és tu que não consegues fazer-te compreender: corrige-te!

243 Não basta ter razão. Além disso, é necessário fazê-la valer..., e que os outros queiram reconhecê-la.

Não obstante, afirma a verdade sempre que

for necessário, sem te deteres por causa do "que vão dizer".

244 Se frequentas a escola do Mestre, não te há de estranhar que também tenhas de labutar contra a incompreensão de tantas e tantas pessoas, que poderiam ajudar-te muitíssimo se simplesmente fizessem o menor esforço por ser compreensivas.

245 Não o maltrataste fisicamente... Mas ignoraste-o tantas vezes! Olhaste-o com indiferença, como se fosse um estranho.
— Parece-te pouco?

246 Sem o pretender, os que perseguem santificam... — Mas ai desses "santificadores"!

247 Na terra, muitas vezes se paga caluniando.

248 Há almas que parecem empenhadas em inventar sofrimentos, torturando-se com a imaginação.
Depois, quando chegam penas e contrariedades objetivas, não sabem estar como a Santís-

sima Virgem, ao pé da Cruz, com o olhar pendente do seu Filho.

249 Sacrifício, sacrifício! – É verdade que seguir Jesus Cristo – disse-o Ele – é levar a Cruz. Mas não gosto de ouvir as almas que amam o Senhor falar tanto de cruzes e de renúncias: porque, quando há Amor, o sacrifício é prazeroso – ainda que custe – e a cruz é a Santa Cruz.

– A alma que sabe amar e entregar-se assim, enche-se de alegria e de paz. Então, por que insistir em "sacrifício", como que procurando consolo, se a Cruz de Cristo – que é a tua vida – te faz feliz?

250 Quanta neurastenia e histerismo se eliminariam se – com a doutrina católica – se ensinasse de verdade as pessoas a viverem como cristãos: amando a Deus e sabendo aceitar as contrariedades como bênção vinda da sua mão!

251 Não passes com indiferença pela dor alheia. Essa pessoa – um parente, um amigo, um colega..., esse que não conheces – é teu irmão.

– Lembra-te daquilo que relata o Evangelho e que tantas vezes leste com pena: nem sequer os parentes de Jesus confiavam nEle. — Procura que a cena não se repita.

252 Imagina que na terra não existem senão Deus e tu.

— Assim te será mais fácil sofrer as mortificações, as humilhações... E, por fim, farás as coisas que Deus quer e como Ele as quer.

253 Às vezes — comentava aquele doente consumido de zelo pelas almas —, o corpo reclama um pouco, queixa-se. Mas procuro também transformar "esses queixumes" em sorrisos, porque se mostram muito eficazes.

254 Uma doença incurável, que limitava a sua ação. E, no entanto, assegurava-me cheio de alegria: "A doença porta-se bem comigo e cada vez a amo mais; se me dessem a escolher, voltaria a nascer assim mil vezes!"

255 Jesus chegou à cruz depois de se preparar durante trinta e três anos, toda a sua Vida!

— Os seus discípulos, se de verdade desejam imitá-lo, devem converter a sua existência em corredenção de Amor, com a negação de si próprios, ativa e passiva.

256 A Cruz está presente em tudo, e chega quando menos se espera. – Mas não esqueças que, ordinariamente, andam emparelhados o começo da Cruz e o começo da eficácia.

257 O Senhor, Sacerdote Eterno, abençoa sempre com a Cruz.

258 «Cor Mariae perdolentis, miserere nobis!» – invoca o Coração de Santa Maria, com ânimo e decisão de te unires à sua dor, em reparação pelos teus pecados e pelos de todos os homens de todos os tempos.

– E pede-lhe – para cada alma – que essa sua dor aumente em nós a aversão ao pecado, e que saibamos amar, como expiação, as contrariedades físicas ou morais de cada jornada.

HUMILDADE

259 "A oração" é a humildade do homem que reconhece a sua profunda miséria e a grandeza de Deus, a quem se dirige e adora, de maneira que tudo espera dEle e nada de si mesmo.

"A fé" é a humildade da razão, que renuncia ao seu próprio critério e se prostra diante dos juízos e da autoridade da Igreja.

"A obediência" é a humildade da vontade, que se sujeita ao querer alheio, por Deus.

"A castidade" é a humildade da carne, que se submete ao espírito.

"A mortificação" exterior é a humildade dos sentidos.

"A penitência" é a humildade de todas as paixões, imoladas ao Senhor.

– A humildade é a verdade no caminho da luta ascética.

260 É uma coisa muito grande saber-se nada diante de Deus, porque é assim mesmo.

HUMILDADE

261 "Aprendei de mim, que sou manso e humilde de coração..." Humildade de Jesus!... Que lição para ti, que és um pobre instrumento de barro! Ele – sempre misericordioso – levantou-te, fazendo brilhar na tua vileza, gratuitamente elevada, as luzes do sol da graça. E tu, quantas vezes não disfarçaste a tua soberba sob a capa da dignidade, da justiça...! E quantas ocasiões de aprender do Mestre não desaproveitaste, por não teres sabido sobrenaturalizá-las!

262 Essas depressões, porque vês ou porque descobrem os teus defeitos, não têm fundamento...
 – Pede a verdadeira humildade.

263 Deixa-me que te recorde, entre outros, alguns sinais evidentes de falta de humildade:
 – pensar que o que fazes ou dizes está mais bem feito ou dito do que aquilo que os outros fazem ou dizem;
 – querer levar sempre a tua avante;
 – discutir sem razão ou – quando a tens – insistir com teimosia e de maus modos;
 – dar o teu parecer sem que to peçam, ou sem que a caridade o exija;

– desprezar o ponto de vista dos outros;
– não encarar todos os teus dons e qualidades como emprestados;
– não reconhecer que és indigno de qualquer honra e estima, que não mereces sequer a terra que pisas e as coisas que possuis;
– citar-te a ti mesmo como exemplo nas conversas;
– falar mal de ti mesmo, para que façam bom juízo de ti ou te contradigam;
– justificar-te quando te repreendem;
– ocultar ao Diretor algumas faltas humilhantes, para que não perca o bom conceito que faz de ti;
– ouvir com complacência os louvores que te dirigem; ou alegrar-te de que tenham falado bem de ti;
– doer-te de que outros sejam mais estimados do que tu;
– negar-te a desempenhar ofícios inferiores;
– procurar ou desejar singularizar-te;
– insinuar na conversa palavras de louvor próprio ou que deem a entender a tua honradez, o teu engenho ou habilidade, o teu prestígio profissional...;
– envergonhar-te por careceres de certos bens...

HUMILDADE

264 Ser humilde não é o mesmo que ter angústia ou temor.

265 Fujamos dessa falsa humildade que se chama comodismo.

266 Diz-Lhe Pedro: Senhor, Tu lavares-me os pés a mim?! Respondeu Jesus: O que eu faço, tu não o entendes agora; entendê-lo-ás mais tarde. Insiste Pedro: Jamais me lavarás os pés. Replicou Jesus: Se eu não te lavar, não terás parte comigo. Rende-se Simão Pedro: Senhor, não somente os pés, mas também as mãos e a cabeça.

Perante a chamada para uma entrega total, completa, sem vacilações, muitas vezes opomos uma falsa modéstia, como a de Pedro... Oxalá fôssemos também homens de coração, como o Apóstolo! Pedro não permite a ninguém que ame a Jesus mais do que ele. Esse amor leva-o a reagir assim: Aqui estou!, lava-me as mãos, cabeça, pés!, purifica-me de todo!, que eu quero entregar-me a Ti sem reservas.

267 Para ti, transcrevo de uma carta: "Encanta-me a humildade evangélica. Mas revolta-me o encolhimento acarneirado e inconsciente de alguns cristãos, que assim desprestigiam a Igreja. Neles deve ter reparado aquele escritor ateu, quando disse que a moral cristã é uma moral de escravos..." – Realmente, somos servos: servos elevados à categoria de filhos de Deus, que não desejam comportar-se como escravos das paixões.

268 O convencimento do teu "material ruim" – o teu conhecimento próprio – dar-te-á uma reação sobrenatural que fará enraizar-se mais e mais na tua alma a alegria e a paz, perante a humilhação, o desprezo, a calúnia...

Depois de pronunciares o «fiat» – Senhor, o que Tu quiseres –, o teu raciocínio nesses casos deverá ser: "Só disse isso de mim? Vê-se que não me conhece; de outro modo, não teria ficado por aí".

Como estás convencido de que mereces pior tratamento, sentirás gratidão por aquela pessoa, e te alegrarás com o que faria sofrer qualquer outro.

269 Quanto mais alto se levanta a estátua, tanto mais duro e perigoso é depois o choque na queda.

HUMILDADE

270 Recorre à direção espiritual cada vez com mais humildade, e pontualmente, o que é também humildade.

Pensa – e não te enganas, porque aí é Deus quem te fala – que és como uma criança pequena – sincera! –, a quem vão ensinando a falar, a ler, a conhecer as flores e os pássaros, a viver as alegrias e as penas, a reparar no chão que pisa.

271 "Continuo a ser uma pobre criatura", dizes-me. Mas antes, quando reparavas nisso, passavas tão mal! Agora, sem caíres na habituação ou nas concessões, vais-te acostumando a sorrir, e a recomeçar a tua luta com uma alegria crescente.

272 Se és sensato, humilde, deves ter observado que nunca se acaba de aprender... Acontece o mesmo na vida; até os mais doutos têm alguma coisa que aprender, até o fim da vida; quando não, deixam de ser doutos.

273 Jesus bom: se tenho de ser apóstolo, é preciso que me faças muito humilde.

O sol envolve em luz tudo quanto toca: Senhor, inunda-me com a tua claridade, endeusa-

-me: que eu me identifique com a tua Vontade adorável, para me converter no instrumento que desejas... Dá-me a tua loucura de humilhação: essa que te levou a nascer pobre, ao trabalho sem brilho, à infâmia de morrer costurado com ferros a um lenho, ao aniquilamento do Sacrário.

– Que eu me conheça: que me conheça e Te conheça. Assim jamais perderei de vista o meu nada.

274 Só os tolos é que são cabeçudos; os muito tolos, muito cabeçudos.

275 Não esqueças que, nos assuntos humanos, também os outros podem ter razão: veem a mesma questão que tu, mas de um ponto de vista diferente, com outra luz, com outra sombra, com outros contornos.

– Somente na fé e na moral é que há um critério indiscutível: o da nossa Mãe, a Igreja.

276 Como é bom saber retificar!... E como são poucos os que aprendem esta ciência!

277 Antes que faltar à caridade, cede: não resistas, sempre que seja possível... Tem a hu-

mildade da erva, que se deixa esmagar sem distinguir o pé que a pisa.

278 Sobe-se à conversão pela humildade, pelo caminho de abaixar-se.

279 Dizias-me: "É necessário decapitar o «eu»!..." – Mas, como custa!, não é mesmo?

280 Muitas vezes, precisamos usar de violência sobre nós mesmos, para nos humilharmos e repetirmos deveras ao Senhor: «Serviam!» – eu Te servirei.

281 «Memento, homo, quia pulvis es...» – lembra-te, ó homem, de que és pó... – Se és pó, por que te há de incomodar que te pisem?

282 Pela senda da humildade vai-se a toda a parte..., fundamentalmente ao Céu.

283 Caminho seguro de humildade é meditar como, mesmo carecendo de talento, de renome e de fortuna, podemos ser instrumentos eficazes, se recorremos ao Espírito Santo para que nos conceda os seus dons.

Os Apóstolos, apesar de terem sido instruídos por Jesus durante três anos, fugiram espavoridos diante dos inimigos de Cristo. No entanto, depois de Pentecostes, deixaram-se açoitar e prender, e acabaram dando a vida em testemunho da sua fé.

284 É verdade que ninguém pode estar certo da sua perseverança... Mas essa incerteza é mais um motivo de humildade, e prova evidente da nossa liberdade.

285 Ainda que valhas tão pouco, Deus serviu-se e continua a servir-se de ti para trabalhos fecundos pela sua glória.

– Não te envaideças. Pensa: que diria de si mesmo o instrumento de aço ou de ferro que o artista utiliza para montar jóias de ouro e de pedras finas?

286 Que vale mais: um quilo de ouro ou um de cobre?... E, no entanto, em muitos casos, o cobre serve mais e melhor do que o ouro.

287 A tua vocação – chamada de Deus – é para dirigir, para arrastar, para servir, para ser líder. Se tu, por falsa ou por mal entendida humildade, te isolas, encerrando-te no teu cantinho, faltas ao teu dever de instrumento divino.

288 Quando o Senhor se serve de ti para derramar a sua graça nas almas, lembra-te de que és apenas o embrulho do presente: um papel que se rasga e se joga fora.

289 «Quia respexit humilitatem ancillae suae» – porque viu a baixeza da sua escrava...
– Cada dia me persuado mais de que a humildade autêntica é a base de todas as virtudes!
Fala com Nossa Senhora, para que Ela nos vá adestrando em caminhar por essa senda.

CIDADANIA

290 O mundo nos espera. Sim! Amamos apaixonadamente este mundo porque Deus assim no-lo ensinou: «Sic Deus dilexit mundum...» – tanto amou Deus o mundo –; e porque é o lugar do nosso campo de batalha – uma formosíssima guerra de caridade –, para que todos alcancemos a paz que Cristo veio instaurar.

291 O Senhor teve esta fineza de Amor conosco: permitir-nos que Lhe conquistemos a terra.

Ele – sempre tão humilde! – quis limitar-se a torná-lo possível... A nós, concedeu-nos a parte mais exequível e grata: a da ação e do triunfo.

292 O mundo ... – "Isso é o que nos toca!" – E afirmas isso depois de pores o olhar e a cabeça no céu, com a segurança do lavrador que caminha soberano pela sua própria seara: «Regnare Christum volumus!» – queremos que Ele reine sobre esta terra que é sua!

293 "É tempo de esperança, e eu vivo deste tesouro. Não é uma simples frase, Padre – dizes-me –, é uma realidade".

Então..., deposita o mundo inteiro, todos os valores humanos que te atraem com uma força enorme – amizade, arte, ciência, filosofia, teologia, esporte, natureza, cultura, almas... –, deposita tudo isso na esperança: na esperança de Cristo.

294 Esse fascínio inconcreto e prazenteiro do mundo..., tão persistente. As flores do caminho – atraem-te as suas cores e os seus aromas... –; as aves do céu; as criaturas todas...

– Meu pobre filho, é razoável! Se não fosse assim, se não te fascinassem, que sacrifício havias de oferecer a Nosso Senhor?

295 A tua vocação de cristão te pede que estejas em Deus e, ao mesmo tempo, que te ocupes das coisas da terra, empregando-as objetivamente tal como são: para devolvê-las a Ele.

296 Parece mentira que se possa ser tão feliz neste mundo, onde tantos se empenham em viver tristes porque correm atrás do seu egoísmo, como se tudo acabasse aqui em baixo!

— Não sejas tu um desses... Retifica em cada instante!

297 O mundo está frio, dá a impressão de estar adormecido. – Muitas vezes tu o contemplas, do teu observatório, com um olhar incendiário. Que acorde, Senhor!

— Orienta as tuas impaciências, na certeza de que, se soubermos queimar bem a nossa vida, atearemos fogo em todos os cantos..., e o panorama mudará.

298 A fidelidade – o serviço a Deus e às almas –, que te peço sempre, não é o entusiasmo fácil, mas o outro: aquele que se conquista pela rua, ao ver o muito que há que fazer em toda a parte.

299 O bom filho de Deus tem que ser muito humano. Mas não tanto que degenere em ordinário e mal educado.

300 É difícil gritar ao ouvido de cada um com um trabalho silencioso, através do fiel cumprimento das nossas obrigações de cidadãos, para depois exigir os nossos direitos e pô-los ao serviço da Igreja e da sociedade.

É difícil..., mas é muito eficaz.

301 Não é verdade que haja oposição entre ser bom católico e servir fielmente a sociedade civil. Assim como não há razão para que a Igreja e o Estado entrem em choque, no exercício legítimo da respectiva autoridade, voltados para a missão que Deus lhes confiou.

Mentem – isso mesmo: mentem! – os que afirmam o contrário. São os mesmos que, em aras de uma falsa liberdade, quereriam "amavelmente" que nós, os católicos, voltássemos às catacumbas.

302 Esta é a tua tarefa de cidadão cristão: contribuir para que o amor e a liberdade de Cristo presidam a todas as manifestações da vida moderna – a cultura e a economia, o trabalho e o descanso, a vida de família e o convívio social.

303 Um filho de Deus não pode ser classista, porque lhe interessam os problemas de todos os homens... E procura ajudar a resolvê-los com a justiça e a caridade do nosso Redentor.

Já o apontava o Apóstolo, quando nos escrevia que, para o Senhor, não há distinção de pessoas, o que não duvidei em traduzir deste modo: não há senão uma raça, a raça dos filhos de Deus!

304 Os homens mundanos empenham-se em que as almas percam quanto antes a Deus; e depois, em que percam o mundo... Não amam este nosso mundo: exploram-no, espezinhando os outros!

— Que não sejas tu também vítima dessa dupla vigarice!

305 Há quem viva amargurado o dia inteiro. Tudo lhe causa desassossego. Dorme com uma obsessão física: que essa única evasão possível lhe vai durar pouco. Acorda com a impressão hostil e desanimadora de que já tem outra jornada pela frente.

Muitos se esqueceram de que o Senhor nos colocou, neste mundo, de passagem para a felicidade eterna; e não pensam que só a poderão alcançar os que caminharem, pela terra, com a alegria dos filhos de Deus.

306 Com a tua conduta de cidadão cristão, mostra às pessoas a diferença que há entre viver triste e viver alegre; entre sentir-se tímido e sentir-se audaz; entre agir com cautela, com duplicidade – com hipocrisia! –, e agir como homem simples e de uma só peça. – Numa palavra, entre ser mundano e ser filho de Deus.

307 Eis um erro fundamental de que deves guardar-te: pensar que os costumes e exigências – nobres e legítimos – do teu tempo ou do teu ambiente não podem ser ordenados e ajustados à santidade da doutrina moral de Jesus Cristo.

Observa que precisei: nobres e legítimos. Os demais não têm direito de cidadania.

308 Não se pode separar a religião da vida, nem no pensamento nem na realidade quotidiana.

309 De longe – lá no horizonte –, parece que o céu se junta com a terra. Não esqueças que, onde de verdade a terra e o céu se juntam, é no teu coração de filho de Deus.

310 Não podemos cruzar os braços, quando uma sutil perseguição condena a Igreja a morrer de inanição, relegando-a para fora da vida pública e, sobretudo, impedindo-a de intervir na educação, na cultura, na vida familiar.

Não são direitos nossos: são de Deus, e foi a nós, católicos, que Ele os confiou..., para que os exerçamos!

311 Muitas realidades materiais, técnicas, econômicas, sociais, políticas, culturais..., abandonadas a si mesmas, ou em mãos dos que não possuem a luz da nossa fé, convertem-se em obstáculos formidáveis para a vida sobrenatural: formam como que um campo fechado e hostil à Igreja.

Tu, por seres cristão – pesquisador, literato, cientista, político, trabalhador... –, tens o dever de santificar essas realidades. Lembra-te de que o universo inteiro – assim escreve o Apóstolo – está gemendo como que com dores de parto, à espera da libertação dos filhos de Deus.

312 Não queiras fazer do mundo um convento, porque seria uma desordem... Mas também não queiras fazer da Igreja um bando terreno, porque equivaleria a uma traição.

313 Que coisa triste é ter uma mentalidade cesarista, e não compreender a liberdade dos

demais cidadãos, nas coisas que Deus deixou ao juízo dos homens.

314 "Quem disse que, para chegar à santidade, é necessário refugiar-se numa cela ou na solidão de uma montanha?", interrogava-se, admirado, um bom pai de família, que acrescentava: "Nesse caso, seriam santas, não as pessoas, mas a cela ou a montanha. Parece que se esqueceram de que o Senhor nos disse expressamente a todos e a cada um: Sede santos, como meu Pai celestial é santo".

– Limitei-me a comentar-lhe: "Além de querer que sejamos santos, o Senhor concede a cada um as graças oportunas".

315 Ama a tua pátria: o patriotismo é uma virtude cristã. Mas se o patriotismo se converte num nacionalismo que leva a encarar com frieza, com desprezo – sem caridade cristã nem justiça –, outros povos, outras nações, é um pecado.

316 Não é patriotismo justificar delitos... e desconhecer os direitos dos outros povos.

317 O Apóstolo escreveu também que "não há distinção entre gentio e judeu, circunciso e incircunciso, bárbaro e cita, escravo e livre, antes Cristo é tudo e está em todos".

Estas palavras são válidas hoje como ontem: perante o Senhor, não existem diferenças de nação, de raça, de classe, de estado de vida... Cada um de nós renasceu em Cristo, para ser uma nova criatura, um filho de Deus: todos somos irmãos, e temos de comportar-nos fraternalmente!

318 Há já muitos anos, vi com clareza meridiana um critério que será sempre válido: o ambiente da sociedade, com o seu afastamento da fé e da moral cristãs, precisa de uma nova forma de viver e de propagar a verdade eterna do Evangelho: é nas próprias entranhas da sociedade, do mundo, que os filhos de Deus hão de brilhar pelas suas virtudes como lanternas na escuridão – «quasi lucernae lucentes in caliginoso loco».

319 A perene vitalidade da Igreja Católica é a garantia de que a verdade e o espírito de Cristo não se afastam das diversas necessidades dos tempos.

320 Para seguir as pegadas de Cristo, o apóstolo de hoje não tem de reformar nada, e muito menos desinteressar-se da realidade histórica que o rodeia... – Basta-lhe atuar como os primeiros cristãos, vivificando o ambiente.

321 Tu, que vives no meio do mundo, que és um cidadão como os outros, em contacto com homens considerados bons ou maus..., tu tens que sentir o desejo constante de dar aos outros a alegria de que gozas, por seres cristão.

322 Promulgou-se um edito de César Augusto que manda recensear todos os habitantes de Israel. Maria e José caminham para Belém... – Nunca pensaste que o Senhor se serviu do acatamento pontual de uma lei para que se cumprisse a sua profecia?
   Ama e respeita as normas de uma convivência honrada, e não duvides de que a tua submissão leal ao dever será também veículo para que outros descubram a honradez cristã, fruto do amor divino, e encontrem a Deus.

SINCERIDADE

323 Quem oculta ao seu Diretor uma tentação tem um segredo a meias com o demônio. – Fez-se amigo do inimigo.

324 O pó e a cegueira de certa queda causam-te desassossego, juntamente com pensamentos que querem tirar-te a paz.

– Procuraste o desabafo nas lágrimas junto do Senhor e na conversa confiada com um irmão?

325 Sinceridade: com Deus, com o Diretor, com os teus irmãos, os homens. – Assim estou certo da tua perseverança.

326 Um meio para sermos francos e simples?... Escuta e medita estas palavras de Pedro: «Domine, tu omnia nosti...» – Senhor, Tu sabes tudo!

SINCERIDADE

327 Que devo dizer?, perguntas-me ao começares a abrir a tua alma. E, com segura consciência, respondo-te: em primeiro lugar, aquilo que quererias que não se soubesse.

328 Os defeitos que vês nos outros talvez sejam os teus próprios. «Si oculus tuus fuerit simplex...» – Se o teu olho for simples, todo o teu corpo estará iluminado; mas se o teu olho for malicioso, todo o teu corpo estará obscurecido.

E mais ainda: "Como te pões a olhar o cisco no olho do teu irmão, e não reparas na trave que está no teu?"

– Examina-te.

329 Todos precisamos prevenir a falta de objetividade, sempre que se trate de julgar a nossa própria conduta...

– Tu também.

330 De acordo, dizes a verdade "quase" por inteiro... Portanto, não és veraz.

331 Queixas-te... Mas insisto com intransigência santa: queixas-te... porque desta vez pus o dedo na tua chaga.

332 Compreendeste em que consiste a sinceridade quando me escrevias: "Estou procurando habituar-me a chamar as coisas pelo seu nome e, sobretudo, a não procurar nomes para o que não existe".

333 Pensa bem nisto: ser transparente consiste mais em não tapar do que em querer fazer ver... Trata-se de permitir que se distingam os objetos que há no fundo do copo, e não em esforçar-se por tornar visível o ar.

334 Comportemo-nos sempre de tal maneira, na presença de Deus, que não tenhamos que ocultar nada aos homens.

335 Acabaram-se as aflições... Descobriste que a sinceridade com o Diretor conserta com uma facilidade admirável aquilo que se entortou.

336 Como erram pais, mestres, diretores... que exigem sinceridade absoluta e, quando lhes mostram toda a verdade, se assustam!

337 Lias naquele dicionário os sinônimos de insincero: "ambíguo, ladino, dissimulado, matreiro, astuto"... – Fechaste o livro, enquanto

pedias ao Senhor que nunca pudessem aplicar-se a ti esses qualificativos, e te propuseste aprimorar ainda mais esta virtude sobrenatural e humana da sinceridade.

338 «Abyssus abyssum invocat...» – um abismo chama outro abismo, como já te recordei. É a descrição exata do modo de comportar-se dos mentirosos, dos hipócritas, dos renegados, dos traidores: como estão desgostosos com o seu próprio modo de conduzir-se, ocultam aos outros as suas trapaças, para irem de mal a pior, criando um precipício entre eles e o próximo.

339 «Tota pulchra es, Maria, et macula originalis non est in te!» – És toda formosa, Maria, e não há em ti mancha original!, canta alvoroçada a liturgia: não há nEla a menor sombra de duplicidade. Peço diariamente à nossa Mãe que saibamos abrir a alma na direção espiritual, para que a luz da graça ilumine toda a nossa conduta!

– Se assim lhe suplicarmos, Maria nos obterá a valentia da sinceridade, para que nos cheguemos mais à Trindade Santíssima.

LEALDADE

340 A lealdade tem como consequências a segurança de andar por um caminho reto, sem instabilidades nem perturbações; e a de afirmar-se nesta certeza: que existem o bom senso e a felicidade.

— Vê se isso se cumpre na tua vida de cada instante.

341 Confiavas-me que Deus, em certos momentos, te enche de luz; em outros, não.

Recordei-te, com firmeza, que o Senhor é sempre infinitamente bom. Por isso, para continuares em frente, bastam-te esses tempos luminosos; se bem que os outros também te são proveitosos, para te fazeres mais fiel.

342 Sal da terra. — Nosso Senhor disse que os seus discípulos — tu e eu também — são sal da terra: para imunizar, para evitar a corrupção, para temperar o mundo.

— Mas também acrescentou: «Quod si sal evanuerit...» – se o sal perde o seu sabor, será lançado fora e pisado pelos homens...

— Agora, perante muitos acontecimentos que lamentamos, vais compreendendo o que antes não compreendias?

343 Faz-me tremer aquela passagem da segunda epístola a Timóteo, quando o Apóstolo se dói de que Demas tenha fugido para Tessalônica, atrás dos encantos deste mundo... Por uma bagatela, e por medo das perseguições, atraiçoou a tarefa divina um homem que São Paulo cita, em outras epístolas, entre os santos.

Faz-me tremer, conhecendo a minha pequenez; e leva-me a exigir de mim fidelidade ao Senhor até nos acontecimentos que podem parecer indiferentes, porque, se não me servem para unir-me mais a Ele, não os quero!

344 Para tantos momentos da História, que o diabo se encarrega de repetir, parece-me uma consideração muito acertada aquela que me escrevias sobre a lealdade: "Trago o dia todo, no coração, na cabeça e nos lábios uma jaculatória: Roma!"

345 Uma grande descoberta! Uma coisa que só entendias muito pela metade, tornou-se claríssima para ti quando tiveste de explicá-la a outros.

Tiveste que falar muito devagar com um que estava desanimado porque se sentia ineficaz e não queria ser um peso para ninguém... Então compreendeste melhor que nunca por que te falo constantemente de sermos burrinhos de nora: fiéis, com antolhos muito grandes para não olharmos nem saborearmos pessoalmente os resultados – as flores, os frutos, a louçania da horta –, bem certos da eficácia da nossa fidelidade.

346 A lealdade exige fome de formação, porque – movido por um amor sincero – não desejas correr o risco de difundir ou defender, por ignorância, critérios e posições que estão muito longe de corresponder à verdade.

347 "Quereria – escreves-me – que a minha lealdade e a minha perseverança fossem tão sólidas e tão eternas, e o meu serviço tão vigilante e amoroso, que o senhor pudesse estar contente comigo e eu fosse para si um pequeno descanso".

– E respondo-te: Deus te confirme no teu

propósito, para que sejamos ajuda e descanso para Ele.

348 É verdade que alguns que se entusiasmam, depois vão-se embora... Não te preocupes: são agulha de que Deus se serve para enfiar a linha.
— Ah, e reza por eles!, porque talvez se possa conseguir que continuem a empurrar outros.

349 Para ti, que vacilas, copio de uma carta: "De agora em diante, talvez continue a ser o mesmo instrumento inepto de sempre. Apesar disso, terá mudado o enfoque e a solução do problema da minha vida; porque há em mim um desejo, firme, de perseverança... até sempre!"
— Nunca duvides de que Ele jamais falha.

350 A tua vida é serviço, mas sempre com uma lealdade sem brechas, sem condições: somente assim daremos o rendimento que o Senhor espera.

351 Nunca partilharei, nem no terreno ascético nem no jurídico, da ideia dos que pensam e vivem como se servir a Igreja equivalesse a empoleirar-se.

352 Dói-te ver que alguns têm a técnica de falar da Cruz de Cristo, unicamente para subir e conquistar posições... São os mesmos que não consideram limpo nada do que veem, se não coincide com o seu critério.

— Mais uma razão para que perseveres na retidão de tuas intenções, e para que peças ao Mestre que te conceda a força de repetir: «Non mea voluntas, sed tua fiat» — Senhor, que eu cumpra com amor a tua Vontade Santa!

353 Tens de crescer de dia para dia em lealdade à Igreja, ao Papa, à Santa Sé... Com um amor cada vez mais teológico!

354 Tens uma grande ânsia de amar a Igreja: tanto maior, quanto mais se agitam os que pretendem desfeá-la.

— Parece-me muito lógico: porque a Igreja é tua Mãe.

355 Os que não querem entender que a fé exige serviço à Igreja e às almas, cedo ou tarde invertem os termos, e acabam por servir-se da Igreja e das almas, para os seus fins pessoais.

356 Oxalá não caias, nunca, no erro de identificar o Corpo Místico de Cristo com uma atitude determinada, pessoal ou pública, de qualquer dos seus membros.

E oxalá não dês pé a que pessoas menos formadas caiam nesse erro.

– Vê se não é importante a tua coerência, a tua lealdade!

357 Não te compreendo quando, ao falares de questões de moral e de fé, me dizes que és um católico independente...

– Independente de quem? Essa falsa independência equivale a sair do caminho de Cristo.

358 Não cedas nunca na doutrina da Igreja. – Quando se faz uma liga, é o melhor metal que sai perdendo.

Além disso, esse tesouro não é teu, e – como narra o Evangelho – o Dono pode pedir-te contas quando menos o esperas.

359 Concordo contigo em que há católicos, praticantes e mesmo piedosos aos olhos dos outros, e talvez sinceramente convictos, que servem ingenuamente os inimigos da Igreja...

– Infiltrou-se em sua própria casa, com

nomes diferentes mal aplicados – ecumenismo, pluralismo, democracia –, o pior adversário: a ignorância.

360 Ainda que pareça um paradoxo, não raro sucede que, aqueles que se chamam a si próprios filhos da Igreja, são precisamente os que maior confusão semeiam.

361 Estás cansado de lutar. Deu-te nojo esse ambiente, caracterizado pela falta de lealdade... Todos se lançam sobre aquele que caiu, para espezinhá-lo!

Não sei por que te admiras. Aconteceu o mesmo com Jesus Cristo, mas Ele não recuou, porque tinha vindo salvar justamente os doentes e os que não O compreendiam.

362 Que os leais não atuem! – É o que querem os desleais.

363 Foge dos sectarismos, que se opõem a uma colaboração leal.

364 Não se pode promover a verdadeira unidade à custa de abrir novas divisões... Muito menos quando os promotores aspiram a apode-

rar-se do comando, suplantando a autoridade legítima.

365 Ficaste muito pensativo quando me ouviste comentar: – Quero ter o sangue da minha Mãe, a Igreja; não o de Alexandre, nem o de Carlos Magno, nem o dos sete sábios da Grécia.

366 Perseverar é persistir no amor «per Ipsum et cum Ipso et in Ipso...», o que realmente podemos interpretar também assim: Ele!, comigo, por mim e em mim.

367 Pode acontecer que haja, entre os católicos, alguns com pouco espírito cristão; ou que deem essa impressão aos que se relacionam com eles num determinado momento.

Mas, se esta realidade te escandalizasse, darias mostras de conhecer pouco a miséria humana e... a tua própria miséria. Além disso, não é justo nem leal servir-se das fraquezas desses poucos para difamar Cristo e a sua Igreja.

368 É verdade que nós, os filhos de Deus, não devemos servir o Senhor para que nos vejam... Mas não nos há de importar que nos vejam, e muito menos podemos deixar de ser cumpridores porque nos veem!

369 Passaram vinte séculos, e a cena repete-se todos os dias: continuam a levar a julgamento, a flagelar e crucificar o Mestre... E muitos católicos, com o seu comportamento e com as suas palavras, continuam a gritar: – Esse? Não o conheço!

Desejaria ir por toda a parte, recordando confidencialmente a muitos que Deus é Misericordioso, e que também é muito justo! Por isso afirmou claramente: "Também Eu não reconhecerei os que não me tiverem reconhecido diante dos homens".

370 Sempre pensei que a falta de lealdade por respeitos humanos é desamor... e falta de personalidade.

371 Volta os teus olhos para a Virgem Maria e contempla como vive a virtude da lealdade. Quando Isabel precisa dEla, diz o Evangelho que vai «cum festinatione», com pressa alegre. Aprende!

DISCIPLINA

372 Obedecer docilmente. – Mas com inteligência, com amor e sentido de responsabilidade, que nada têm a ver com julgar os que governam.

373 No apostolado, obedece sem reparar nas condições humanas de quem manda, nem no modo como manda. O contrário não é virtude.

Cruzes, há muitas: de brilhantes, de pérolas, de esmeraldas, de esmaltes, de marfim...; também de madeira, como a de Nosso Senhor, porque a Cruz nos fala do sacrifício do Deus feito Homem.

– Leva esta consideração à tua obediência, sem te esqueceres de que Ele se abraçou amorosamente – sem hesitar! – ao Madeiro, e ali nos obteve a Redenção.

Só depois de teres obedecido, o que é sinal

de retidão de intenção, faz a correção fraterna, com as condições requeridas, e reforçarás a unidade por meio do cumprimento desse dever.

374 Obedece-se com os lábios, com o coração e com a mente.
— Obedece-se, não a um homem, mas a Deus.

375 Não amas a obediência se não amas de verdade o que está mandado, se não amas de verdade o que te mandaram.

376 Muitos problemas se remedeiam logo. Outros, não imediatamente. Mas todos se resolverão, se formos fiéis: se obedecermos, se cumprirmos o que está estabelecido.

377 O Senhor quer de ti um apostolado concreto, como o da pesca daqueles cento e cinquenta e três grandes peixes — e não outros —, apanhados à direita da barca.
E perguntas-me: como é que, sabendo-me pescador de homens, vivendo em contacto com muitos companheiros e podendo distinguir a quem deve dirigir-se o meu apostolado específi-

co, não pesco?... Falta-me Amor? Falta-me vida interior?

Escuta a resposta dos lábios de Pedro, naquela outra pesca milagrosa: – "Mestre, estivemos cansando-nos durante toda a noite, e nada apanhamos; não obstante, fiado na tua palavra, lançarei a rede".

Em nome de Cristo, começa de novo. – Fortalecido: fora essa moleza!

378 Obedece sem tantas cavilações inúteis... Mostrar tristeza ou pouca vontade perante o que se manda é uma falta muito considerável. Mas senti-la apenas, não somente não é culpa, mas pode ser ocasião para uma grande vitória sobre nós mesmos, para coroarmos um ato heroico de virtude.

Não sou eu que o invento. Lembras-te? Narra o Evangelho que um pai de família confiou o mesmo encargo aos seus dois filhos... E Jesus alegra-se com aquele que, apesar de ter levantado dificuldades, cumpre! Alegra-se, porque a disciplina é fruto do Amor.

379 A maior parte das desobediências provém de não saber "escutar" a indicação, o que,

no fundo, é falta de humildade ou de interesse em servir.

380 Queres obedecer cabalmente?... Pois bem, escuta com atenção, para compreenderes o alcance e o espírito do que te indicam; e, se não entendes alguma coisa, pergunta.

381 Vamos ver quando te convences de que tens de obedecer!... E desobedeces se, em vez de cumprir o plano de vida, perdes o tempo. Todos os teus minutos devem estar preenchidos: trabalho, estudo, proselitismo, vida interior.

382 De modo semelhante ao da Igreja, que, através do cuidado com a liturgia, nos faz intuir a beleza dos mistérios da Religião e nos leva a amá-los melhor, assim devemos viver – sem fazer teatro – certa correção, aparentemente mundana, de respeito profundo – mesmo externo – pelo Diretor, que por sua boca nos comunica a Vontade de Deus.

383 Ao governar, depois de pensar no bem comum, é necessário ter em conta que – no terreno espiritual e no civil – dificilmente uma norma pode não desagradar a alguns.

– Nunca chove ao gosto de todos!, reza a sabedoria popular. Mas isso, não duvides, não é defeito da lei, mas rebeldia injustificada da soberba ou do egoísmo daqueles poucos.

384 Ordem, autoridade, disciplina... – Escutam – se é que escutam! –, e sorriem cinicamente, alegando – elas e eles – que defendem a sua liberdade.

São os mesmos que depois pretendem que respeitemos ou que nos amoldemos aos seus extravios; não compreendem – que protestos tão vulgares! – que os seus modos não sejam – não podem ser! – aceitos pela autêntica liberdade dos outros.

385 Os que dirigem tarefas espirituais têm de interessar-se por tudo o que é humano, para elevá-lo à ordem sobrenatural e divinizá-lo.

Se não se pode divinizar, não te enganes; não é humano, é "animalesco", impróprio da criatura racional.

386 Autoridade. Não consiste em que o de cima "grite" ao inferior, e este ao de mais abaixo.

Com esse critério – caricatura da autoridade –, além da evidente falta de caridade e de correção humana, só se consegue que quem governa se vá afastando dos governados, porque não os serve: no melhor dos casos, usa-os!

387 Não sejas tu desses que, trazendo desgovernada a sua própria casa, tentam intrometer-se no governo da casa dos outros.

388 Mas... pensas de verdade que sabes tudo, porque foste constituído em autoridade?
– Escuta-me bem: o bom governante "sabe" que pode – que deve! – aprender dos outros.

389 Liberdade de consciência: não! Quantos males trouxe aos povos e às pessoas este erro lamentável, que permite agir contra os ditames mais íntimos!
Liberdade "das consciências", sim: que significa o dever de seguir esse imperativo interior... Ah, mas depois de se ter recebido uma séria formação!

390 Governar não é mortificar.

391 Para ti, que ocupas essa função de governo. Medita: os instrumentos mais fortes e

eficazes, se os tratamos mal, ficam amassados, desgastam-se e se inutilizam.

392 As decisões de governo, tomadas de ânimo leve por uma só pessoa, nascem sempre, ou quase sempre, influenciadas por uma visão unilateral dos problemas.

– Por muito grandes que sejam a tua preparação e o teu talento, deves ouvir aqueles que compartilham contigo essa tarefa de direção.

393 Nunca dês ouvidos à delação anônima: é o procedimento da gente vil.

394 Um critério de bom governo: é preciso tomar o material humano tal como é, e ajudá-lo a melhorar, sem nunca desprezá-lo.

395 Acho muito bem que procures diariamente aumentar essa profunda preocupação pelos que dependem de ti: porque sentir-se rodeado e protegido pela compreensão afetuosa do superior, pode ser o remédio eficaz de que necessitem as pessoas a quem tens de servir com o teu governo.

396 Que pena dão alguns, investidos em autoridade, quando julgam e falam com ligeireza, sem estudar o assunto, com afirmações categóricas, sobre pessoas ou questões que desconhecem, e... até com "prevenções", que são fruto da deslealdade!

397 Se a autoridade se converte em autoritarismo ditatorial e essa situação se prolonga no tempo, perde-se a continuidade histórica, morrem ou envelhecem os homens de governo, chegam à idade madura pessoas sem experiência de direção, e a juventude – inexperiente e excitada – quer tomar as rédeas: quantos males e quantas ofensas a Deus – próprias e alheias – recaem sobre os que usam tão mal da autoridade!

398 Quando quem manda é negativo e desconfiado, facilmente cai na tirania.

399 Procura ser retamente objetivo no teu trabalho de governo. Evita essa inclinação dos que tendem a ver sobretudo – e às vezes somente – o que não funciona, os erros.

– Enche-te de alegria, na certeza de que o Senhor concedeu a todos a capacidade de se fazerem santos, precisamente na luta contra os seus defeitos.

400 A ânsia de novidade pode levar ao desgoverno.
– São precisos novos regulamentos, dizes...
– Achas mesmo que o corpo humano melhoraria com outro sistema nervoso ou arterial?

401 Que empenho o de alguns em massificar! Convertem a unidade em uniformidade amorfa, afogando a liberdade.
Parece que ignoram a impressionante unidade do corpo humano, com tão divina diferenciação de membros que – cada um com a sua função própria – contribuem para a saúde geral.
– Deus não quis que todos fôssemos iguais, nem que caminhássemos todos do mesmo modo pelo único caminho.

402 É preciso ensinar as pessoas a trabalhar – sem exagerar a preparação: "fazer" é também formar-se – e a aceitar de antemão as inevitáveis imperfeições: o ótimo é inimigo do bom.

403 Nunca confies só na organização.

404 O bom pastor não tem necessidade de atemorizar as suas ovelhas: semelhante comportamento é próprio dos maus governantes. Por isso, ninguém estranha que acabem odiados e sós.

405 Governar, muitas vezes, consiste em saber "ir puxando" pelas pessoas, com paciência e carinho.

406 O bom governo não ignora a necessária flexibilidade, sem cair na falta de exigência.

407 "Desde que não me façam pecar!" – Enérgico comentário daquela pobre criatura, quase aniquilada, na sua vida pessoal e em suas aspirações de homem e de cristão, por inimigos poderosos.

– Medita e aprende: desde que não te façam pecar!

408 Nem todos os cidadãos pertencem aos quadros do exército. Mas, quando chega a guerra, todos participam... E o Senhor disse: "Não vim trazer a paz, mas a guerra".

409 "Eu era um guerrilheiro" – escreve – "e andava pelos montes, disparando quando me dava na telha. Mas quis alistar-me como soldado, porque compreendi que as guerras são ganhas mais facilmente pelos exércitos organizados e com disciplina. Um pobre guerrilheiro isolado não pode tomar cidades inteiras, nem ocupar o mundo. Pendurei o meu bacamarte – é tão antiquado! – e agora estou mais bem armado. Ao mesmo tempo, sei que já não posso deitar-me no monte, à sombra de uma árvore, e sonhar que eu sozinho ganharei a guerra".

– Bendita disciplina e bendita unidade da nossa Mãe, a Igreja Santa!

410 A tantos católicos rebeldes, dir-lhes-ia que faltam ao seu dever aqueles que, em vez de se aterem à disciplina e à obediência à autoridade legítima, se convertem em partido; em bando insignificante; em vermes de discórdia; em conjura e intriguice; em fomentadores de estúpidas pugnas pessoais; em tecelões de urdiduras de ciúmes e crises.

411 Não são a mesma coisa um vento suave e um furacão. Ao primeiro, qualquer um resiste: é brincadeira de crianças, paródia de luta.

– Pequenas contrariedades, escassez, apuros de nada... Aceitavas tudo isso com gosto, e vivias a alegria interior de pensar: agora, sim, estou trabalhando por Deus, porque temos Cruz!...

Mas, meu pobre filho: chegou o furacão, e sentes um sacudir, um fustigar que arrancaria árvores centenárias. Isso..., por dentro e por fora. Confia! Nada disso poderá arrancar a tua Fé e o teu Amor, nem tirar-te do teu caminho..., se tu não te afastas da "cabeça", se sentes a unidade.

412 Com que facilidade deixas de cumprir o plano de vida, ou fazes as coisas pior do que se as omitisses!... – É assim que queres enamorar-te cada vez mais do teu caminho, para depois contagiar os outros com esse amor?

413 Não ambiciones senão um único direito: o de cumprir o teu dever.

414 Dizes que a carga é pesada? – Não, mil vezes não! Essas obrigações, que aceitaste livremente, são asas que te levantam por sobre o lodo vil das paixões.

Porventura os pássaros sentem o peso das suas asas? Corta-as, coloca-as no prato de uma balança: pesam! Mas pode a ave voar se lhas arrancam? Precisa dessas asas assim; e não nota o seu peso porque a elevam acima do nível das outras criaturas.

Também as tuas "asas" pesam! Mas, se te faltassem, cairias nos mais sujos lodaçais.

415 "Maria guardava todas estas coisas no seu coração..."

Quando está de permeio o amor limpo e sincero, a disciplina não representa um peso, ainda que custe, porque une ao Amado.

PERSONALIDADE

416 O Senhor necessita de almas fortes e audazes, que não pactuem com a mediocridade e penetrem com passo firme em todos os ambientes.

417 Sereno e equilibrado de caráter, vontade inflexível, fé profunda e piedade ardente: características imprescindíveis de um filho de Deus.

418 O Senhor pode tirar das próprias pedras filhos de Abraão... Mas temos de procurar que a pedra não seja quebradiça. De um rochedo sólido, ainda que seja informe, pode lavrar-se mais facilmente uma esplêndida pedra de cantaria.

419 O apóstolo não deve nivelar-se pela rasoura de uma criatura medíocre. Deus o chama

para que atue como portador de humanidade e transmissor de uma novidade eterna. – Por isso, o apóstolo precisa ser uma alma longamente, pacientemente, heroicamente formada.

420 Todos os dias descubro coisas novas em mim, dizes... E respondo-te: agora começas a conhecer-te.

Quando se ama deveras..., sempre se encontram detalhes para amar ainda mais.

421 Seria lamentável que alguém concluísse, ao ver atuar os católicos na vida social, que se mexem com acanhamento e capitis-diminuídos.

Não se pode esquecer que o nosso Mestre era – é! – «perfectus Homo» – perfeito Homem.

422 Se o Senhor te deu uma boa qualidade – ou uma habilidade –, não é apenas para que nela te deleites, ou para que te pavoneies, mas para que a desenvolvas com caridade a serviço do próximo.

– E quando encontrarás melhor ocasião de servir do que agora, ao conviveres com tantas almas que compartilham o teu mesmo ideal?

423 Ante a pressão e o impacto de um mundo materializado, hedonista, sem fé..., como é possível exigir e justificar a liberdade de não pensar como "eles", de não agir como "eles"?...

— Um filho de Deus não tem necessidade de pedir essa liberdade, porque Cristo já no-la ganhou de uma vez para sempre; mas deve defendê-la e demonstrá-la em qualquer ambiente. Só assim é que "eles" entenderão que a nossa liberdade não está aferrolhada pelo ambiente.

424 Teus parentes, teus colegas, teus amigos vão notando a mudança, e reparam que não é uma transição momentânea, que já não és o mesmo.

— Não te preocupes, continua em frente! Cumpre-se o «vivit vero in me Christus» — agora é Cristo quem vive em ti.

425 Deves estimar os que sabem dizer-te "não". E, além disso, pedir-lhes que te esclareçam as razões da sua negativa, para aprenderes..., ou para corrigires.

426 Antes eras pessimista, indeciso e apático. Agora estás totalmente transformado: sentes-te audaz, otimista, seguro de ti mesmo..., porque afinal te decidiste a buscar o teu apoio somente em Deus.

427 Triste situação a de uma pessoa com magníficas virtudes humanas, e com carência absoluta de sentido sobrenatural: porque facilmente aplicará essas virtudes apenas aos seus fins particulares. – Medita nisto.

428 Para ti, que desejas adquirir uma mentalidade católica, universal, transcrevo algumas características:

– amplidão de horizontes e um aprofundamento enérgico naquilo que é permanentemente vivo na ortodoxia católica;

– empenho reto e sadio – nunca frivolidade – em renovar as doutrinas típicas do pensamento tradicional, na filosofia e na interpretação da história...;

– uma cuidadosa atenção às orientações da ciência e do pensamento contemporâneos;

– e uma atitude positiva e aberta ante a transformação atual das estruturas sociais e das formas de vida.

429 Tens que aprender a dissentir dos outros – quando for preciso – com caridade, sem te tornares antipático.

430 Com graça de Deus e boa formação, podes fazer-te entender no ambiente dos mais simples... – Eles dificilmente te seguirão se te faltar "dom de línguas": capacidade e esforço para chegar às suas inteligências.

431 Cortesia sempre, com todos. Mas especialmente com os que se apresentam como adversários – tu não tenhas inimigos –, quando procuras tirá-los do seu erro.

432 Não é verdade que te causou compaixão o menino mimado? – Pois então... não te trates tão bem a ti mesmo! Não compreendes que vais tornar-te molenga?

– Além disso, não sabes que as flores de melhor aroma são as silvestres, as que estão expostas à intempérie e à estiagem?

433 Esse vai longe, dizem, e assusta a sua futura responsabilidade. – Ninguém lhe conhece uma atividade desinteressada, nem uma frase oportuna, nem um escrito fecundo. – É homem de vida negativa. – Dá sempre a impressão de estar submerso em profundas congeminações, embora se saiba que nunca cultivou ideias que façam pensar. – Tem no rosto e nas maneiras a sisudez da mula, e isso lhe dá fama de prudente...

– Esse vai muito longe!, mas – pergunto-me – que poderá ensinar aos outros, como e em que os servirá, se não o ajudamos a mudar?

434 O pedante interpreta como ignorância a simplicidade e a humildade do douto.

435 Não sejas desses que, quando recebem uma ordem, logo pensam na maneira de modificá-la... – Dir-se-ia que têm demasiada "personalidade"! E desunem ou desbaratam.

436 A experiência, o saber tanto do mundo, o ler nas entrelinhas, a perspicácia excessiva, o espírito crítico... Tudo isso que, nas tuas relações e negócios, te levou demasiado longe, ao ponto de tornar-te um pouco cínico; todo esse "excessivo realismo" – que é falta de espírito sobrenatural – invadiu até mesmo a tua vida interior. – Por não seres simples, passaste a ser às vezes frio e cruel.

437 No fundo, és um bom rapaz, mas julgas-te Maquiavel. – Lembra-te de que no Céu entra quem é um homem honrado e bom, não um intriguistinha maçante.

438 É admirável esse teu bom humor... Mas levar tudo, tudo... na brincadeira – reconhece! – significa passar dos limites. – A realidade é bem outra: como te falta vontade para tomares as tuas coisas a sério, autojustificas-te gozando dos outros, que são melhores do que tu.

439 Não nego que sejas esperto. Mas o arrebatamento desordenado leva-te a agir como um tolo.

440 Essa desigualdade do teu caráter! – Tens as teclas estragadas: dás muito bem as notas altas e baixas..., mas não soam as do meio, as da vida corrente, aquelas que habitualmente os outros escutam.

441 Para que aprendas. – Numa ocasião memorável, fiz notar àquele nobre varão, douto e enérgico, que, por defender uma causa santa que os "bons" impugnavam, arriscava – ia perder – um alto posto no seu mundo. Com voz cheia de gravidade humana e sobrenatural, que desprezava as honras da terra, respondeu-me: "Arrisco a alma".

442 O diamante lapida-se com o diamante...; e as almas, com as almas.

443 "Um grande sinal apareceu no Céu: uma mulher com uma coroa de doze estrelas sobre a cabeça; vestida de sol; a lua a seus pés". – Para que tu e eu, e todos, tenhamos a certeza de que nada aperfeiçoa tanto a personalidade como a correspondência à graça.
– Procura imitar a Santíssima Virgem, e serás homem – ou mulher – de uma só peça.

ORAÇÃO

444 Conscientes dos nossos deveres, como podemos passar um dia inteiro sem nos lembrarmos de que temos alma?
Da meditação diária deve nascer a retificação constante, para não sairmos do caminho.

445 Se se abandona a oração, primeiro vive-se das reservas espirituais..., e depois, da trapaça.

446 Meditação. – Por um tempo fixo e a hora fixa. – Senão, acabará adaptando-se à nossa comodidade: isso é falta de mortificação. E a oração sem mortificação é pouco eficaz.

447 Falta-te vida interior: porque não levas à oração as preocupações dos teus e o proselitismo; porque não te esforças por ver claro, por tirar propósitos concretos e por cumpri-los; porque não tens sentido sobrenatural no estudo, no trabalho, nas tuas conversas, no convívio com os outros...

— Como andas em matéria de presença de Deus, consequência e manifestação da tua oração?

448 Não?... Porque não tiveste tempo?... — Tens tempo. Além disso, como é que serão as tuas obras, se não as meditaste na presença do Senhor, para bem ordená-las? Sem essa conversa com Deus, como hás de acabar com perfeição o trabalho de cada jornada?... — Olha, é como se alegasses que te falta tempo para estudar, porque estás muito ocupado em dar umas aulas... Sem estudo, não se pode dar uma boa aula.

A oração está antes de qualquer coisa. Se o entendes assim e não o pões em prática, não me digas que te falta tempo: muito simplesmente, não queres fazê-la!

449 Oração, mais oração! — Parece uma incongruência agora, em época de provas, de mais trabalho... Precisas dela: e não só da habitual, como prática de piedade; oração também durante os tempos mortos; oração entre ocupação e ocupação, em vez de deixar correr o pensamento entre bobagens.

Não faz mal se – apesar do teu empenho – não consegues concentrar-te e recolher-te. Pode valer mais esta meditação do que aquela outra que fizeste, com toda a comodidade, no oratório.

450 Um costume eficaz para conseguir presença de Deus: todos os dias, a primeira audiência com Jesus Cristo.

451 A oração não é prerrogativa de frades: é incumbência de cristãos, de homens e mulheres do mundo, que se sabem filhos de Deus.

452 É claro que tens de seguir o teu caminho: homem de ação... com vocação de contemplativo.

453 Católico, sem oração?... É como um soldado sem armas.

454 Agradece ao Senhor o enorme bem que te concedeu ao fazer-te compreender que "uma só coisa é necessária". – E, juntamente com a gratidão, que não falte todos os dias a tua súpli-

ca pelos que ainda não O conhecem ou não O entenderam.

455 Quando procuravam "pescar-te", perguntavas a ti mesmo de onde é que tiravam aquela força e aquele fogo que tudo abrasa. – Agora, que fazes oração, percebeste que essa é a fonte que brota em torno dos verdadeiros filhos de Deus.

456 Desprezas a meditação... Não será que tens medo, que procuras o anonimato, que não te atreves a falar com Cristo cara a cara?
– Bem vês que há muitos modos de "desprezar" este meio, ainda que se afirme que se pratica.

457 Oração: é a hora das intimidades santas e das resoluções firmes.

458 Como era bem pensada a súplica daquela alma que dizia: – Senhor, não me abandones; não reparas que há "outra pessoa" que me puxa pelos pés?!

459 Voltará o Senhor a acender-me a alma?...
– Afirmam-te que sim a tua cabeça e a força

profunda de um desejo longínquo, que talvez seja esperança... – Pelo contrário, o coração e a vontade – excesso de um, falta da outra – tingem tudo de uma melancolia paralisante e hirta, como um esgar, como uma troça amarga.

Escuta a promessa do Espírito Santo: "Dentro de brevíssimo tempo, virá Aquele que há de vir e não tardará. Entretanto, o meu justo viverá de fé".

460 A verdadeira oração, aquela que absorve o indivíduo por completo, é favorecida não tanto pela solidão do deserto como pelo recolhimento interior.

461 Fizemos a oração da tarde no meio do campo, já perto do anoitecer. Devíamos ter um aspecto um tanto pitoresco, para um espectador que não soubesse do que se tratava: sentados no chão, num silêncio interrompido apenas pela leitura de uns pontos de meditação.

Essa oração em pleno campo, "pressionando com força" o Senhor por todos os que vinham conosco, pela Igreja, pelas almas, foi grata ao Céu e fecunda: qualquer lugar é apto para esse encontro com Deus.

462 Gosto de que, na oração, tenhas essa tendência de percorrer muitos quilómetros: contemplas terras diferentes daquelas que pisas; diante dos teus olhos, passa gente de outras raças; ouves línguas diversas... É como um eco daquele mandamento de Jesus: «Euntes docete omnes gentes» – ide e ensinai a todos os povos.

Para chegares longe, sempre mais longe, mete esse fogo de amor nos que te rodeiam; e os teus sonhos e desejos se converterão em realidade: antes, mais e melhor!

463 A oração transcorrerá, uma vezes, de modo discursivo; outras, talvez poucas, cheia de fervor; e, talvez muitas, seca, seca, seca... Mas o que importa é que tu, com a ajuda de Deus, não desanimes.

Pensa na sentinela que está de guarda: não sabe se o Rei ou Chefe de Estado se encontra no Palácio; não está informado do que faz e, na maioria dos casos, essa personagem não sabe quem lhe monta a guarda.

– Nada disso acontece com o nosso Deus: Ele vive onde quer que vivas; ocupa-se de ti; conhece-te e conhece os teus pensamentos mais íntimos... Não abandones a guarda da oração!

464 Olha que conjunto de razões sem razão te apresenta o inimigo, para que abandones a oração: "Falta-me tempo" – quando o estás perdendo continuamente –; "isto não é para mim", "eu tenho o coração seco"...

A oração não é problema de falar ou de sentir, mas de amar. E ama-se quando se faz o esforço de tentar dizer alguma coisa ao Senhor, ainda que não se diga nada.

465 "Um minuto de reza intensa; isso basta".
– Assim dizia um que nunca rezava.

– Compreenderia um apaixonado que bastasse contemplar intensamente durante um minuto a pessoa amada?

466 Este ideal de combater – e vencer – as batalhas de Cristo só se tornará realidade pela oração e pelo sacrifício, pela Fé e pelo Amor. – Pois então... vamos orar, e crer, e sofrer, e Amar!

467 A mortificação é a ponte levadiça que nos permite entrar no castelo da oração.

468 Não desfaleças: por mais indigna que seja a pessoa, por mais imperfeita que venha a ser a sua oração, se esta se eleva com humildade e perseverança, Deus a escuta sempre.

469 "Senhor, eu não mereço que me escutes, porque sou mau" – rezava uma alma penitente. E acrescentava: "Agora... escuta-me «quoniam bonus» – porque Tu és bom".

470 O Senhor, depois de enviar os seus discípulos a pregar, reúne-os quando voltam e convida-os a ir com Ele a um lugar solitário para descansar... Que coisas não lhes perguntaria e contaria Jesus! Pois bem..., o Evangelho continua a ser atual.

471 Entendo-te perfeitamente quando me escreves a respeito do teu apostolado: "Vou fazer três horas de oração com a Física. Será um bombardeio para que "caia" outra posição, que se acha do outro lado da mesa da biblioteca..., e que o senhor já conheceu quando esteve aqui".

Lembro-me da tua alegria, enquanto me ouvias dizer que entre a oração e o trabalho não deve haver solução de continuidade.

472 Comunhão dos Santos: bem a experimentou aquele jovem engenheiro, quando afir-

mava: "Padre, em tal dia, a tal hora, o senhor estava rezando por mim".

Esta é e será a primeira ajuda fundamental que temos de prestar às almas: a oração.

473 Habitua-te a rezar orações vocais, pela manhã, ao vestir-te, como as crianças. – E terás mais presença de Deus depois, ao longo da jornada.

474 Para os que empregam como arma a inteligência e o estudo, o terço é eficacíssimo. Porque, ao implorarem assim a Nossa Senhora, essa aparente monotonia de crianças com a sua Mãe vai destruindo neles todo o germe de vanglória e de orgulho.

475 "Virgem Imaculada, bem sei que sou um pobre miserável, que não faço mais do que aumentar todos os dias o número dos meus pecados..." Disseste-me o outro dia que falavas assim com a nossa Mãe.

E aconselhei-te, com plena segurança, que rezasses o terço: bendita monotonia de ave-marias que purifica a monotonia dos teus pecados!

476 Uma triste forma de não rezar o terço: deixá-lo para o fim do dia.

À hora de deitar-se, recita-se pelo menos de má maneira e sem meditar os mistérios. Assim, dificilmente se evita a rotina, que afoga a verdadeira piedade, a única piedade.

477 Não se pronuncia o terço somente com os lábios, mastigando uma após outra as ave--marias. Assim mussitam as beatas e os beatos. – Para um cristão, a oração vocal há de enraizar-se no coração, de modo que, durante a recitação do terço, a mente possa adentrar-se na contemplação de cada um dos mistérios.

478 Sempre adias o terço para depois, e acabas por omiti-lo por causa do sono. – Se não dispões de outros momentos, reza-o pela rua e sem que ninguém o note. Isso te ajudará também a ter presença de Deus.

479 "Reze por mim", pedi-lhe, como faço sempre. E respondeu-me espantado: "Mas está--lhe acontecendo alguma coisa?"

Tive de esclarecer-lhe que a todos nos acontece alguma coisa em qualquer instante; e acrescentei-lhe que, quando falta a oração, "se passam e pesam mais coisas".

480 Renova durante o dia os teus atos de contrição: olha que se ofende a Jesus sem parar e, infelizmente, não O desagravam a esse mesmo ritmo.

Por isso venho repetindo desde sempre: os atos de contrição, quantos mais, melhor! Serve-me tu de eco, com a tua vida e com os teus conselhos.

481 Como enamora a cena da Anunciação! Maria – quantas vezes temos meditado nisso! – está recolhida em oração..., aplica os seus cinco sentidos e todas as suas potências na conversa com Deus. Na oração conhece a Vontade divina; e com a oração converte-a em vida da sua vida. Não esqueças o exemplo de Nossa Senhora!

TRABALHO

482 O trabalho é a vocação inicial do homem, é uma bênção de Deus, e enganam-se lamentavelmente os que o consideram um castigo.

O Senhor, o melhor dos pais, colocou o primeiro homem no paraíso, «ut operaretur» – para que trabalhasse.

483 Estudo, trabalho: deveres ineludíveis para todo o cristão; meios para nos defendermos dos inimigos da Igreja e para atrairmos – com o nosso prestígio profissional – tantas outras almas que, sendo boas, lutam isoladamente. São arma fundamentalíssima para quem queira ser apóstolo no meio do mundo.

484 Peço a Deus que também te sirvam de modelo a adolescência e a juventude de Jesus, quer quando argumentava com os doutores do Templo, quer quando trabalhava na oficina de José.

485 Trinta e três anos de Jesus!... Trinta foram de silêncio e obscuridade; de submissão e trabalho...

486 Escrevia-me aquele rapagão: "O meu ideal é tão grande que só cabe no mar". – Respondi-lhe: E o Sacrário, tão "pequeno"? E a oficina de Nazaré, tão "vulgar"?

– Na grandeza das coisas do dia-a-dia, espera-nos Ele!

487 Diante de Deus, nenhuma ocupação é em si mesma grande ou pequena. Tudo adquire o valor do Amor com que se realiza.

488 O heroísmo do trabalho está em "acabar" cada tarefa.

489 Insisto: na simplicidade do teu trabalho habitual, nos detalhes monótonos de cada dia, tens que descobrir o segredo – para tantos escondido – da grandeza e da novidade: o Amor.

490 Está-te ajudando muito – dizes-me – este pensamento: desde os primeiros cristãos, quantos comerciantes não se terão feito santos?

E queres demonstrar que também agora é

possível... – O Senhor não te abandonará nesse empenho.

491 Tu também tens uma vocação profissional que te "aguilhoa". – Pois bem, esse "aguilhão" é o anzol para pescar homens.

Retifica, portanto, a intenção, e não deixes de adquirir todo o prestígio profissional possível, a serviço de Deus e das almas. O Senhor conta também com "isso".

492 Para acabar as coisas, é preciso começar a fazê-las.

– Parece óbvio, mas falta-te tantas vezes esta simples decisão! E... como satanás se alegra com a tua ineficácia!

493 Não se pode santificar um trabalho que humanamente seja um "lixo", porque não devemos oferecer a Deus tarefas mal feitas.

494 À força de descuidar detalhes, podem tornar-se compatíveis trabalhar sem descanso e viver como um perfeito comodista.

495 Perguntaste-me o que é que podias oferecer ao Senhor. – Não preciso pensar a minha resposta: as coisas de sempre, mas mais bem acabadas, com um arremate de amor, que te leve a pensar mais nEle e menos em ti.

496 Uma missão sempre atual e heroica para um cristão comum: realizar de maneira santa os mais diversos afazeres, mesmo aqueles que parecem mais indiferentes.

497 Trabalhemos, e trabalhemos muito e bem, sem esquecer que a nossa melhor arma é a oração. Por isso, não me canso de repetir que temos de ser almas contemplativas no meio do mundo, que procuram converter o seu trabalho em oração.

498 Escreves-me na cozinha, junto ao fogão. Está começando a tarde. Faz frio. A teu lado, a tua irmãzinha – a última que descobriu a loucura divina de viver a fundo a sua vocação cristã – descasca batatas. Aparentemente – pensas –, o seu trabalho é igual ao de antes. Contudo, há tanta diferença!

— É verdade: antes "só" descascava batatas; agora, santifica-se descascando batatas.

499 Afirmas que vais compreendendo pouco a pouco o que quer dizer "alma sacerdotal"... Não te zangues se te respondo que os fatos de-

monstram que só o entendes em teoria. – Cada dia te acontece o mesmo: ao anoitecer, no exame, tudo são desejos e propósitos; de manhã e à tarde, no trabalho, tudo são dificuldades e desculpas.

É assim que vives o "sacerdócio santo, para oferecer vítimas espirituais, agradáveis a Deus por Jesus Cristo"?

500 Ao retomares o teu trabalho habitual, escapou-te como que um grito de protesto: sempre a mesma coisa!

E eu te disse: – Sim, sempre a mesma coisa. Mas essa tarefa vulgar – igual à que realizam os teus colegas de profissão – deve ser para ti uma contínua oração, com as mesmas palavras entranháveis, mas cada dia com música diferente.

É missão muito nossa transformar a prosa desta vida em decassílabos, em poesia heroica.

501 Aquele «stultorum infinitus est numerus» – é infinito o número de néscios –, que se lê na Escritura, parece crescer de dia para dia. Nos postos mais diversos, nas situações mais inesperadas, encobertas sob a capa do prestígio dado pelos cargos – e até pelas "virtudes" –, quanta desorientação e quanta falta de bom senso terás de suportar!

Mas não compreendo que percas por esse motivo o sentido sobrenatural da vida e permaneças indiferente: muito baixa é a tua condição interior, se aguentas essas situações – e não há outro jeito senão aguentá-las! – por motivos humanos...

Se não os ajudas a descortinar o caminho, com um trabalho responsável e bem acabado – santificado! –, fazes-te como eles – néscio –, ou és cúmplice.

502 Interessa que te afanes, que metas ombros... Seja como for, coloca os afazeres profissionais no seu lugar: constituem exclusivamente meios para chegar ao fim; nunca se podem tomar, nem de longe, como o fundamental.

Quantas "profissionalites" impedem a união com Deus!

503 Perdoa a minha insistência: o instrumento, o meio, não deve converter-se em fim. – Se, em vez do seu peso normal, uma enxada pesasse cinquenta quilos, o lavrador não poderia cavar com essa ferramenta, gastaria todas as suas

energias em transportá-la, e a semente não pegaria, porque ficaria sem ser usada.

504 Sempre aconteceu o mesmo: quem trabalha, por muito reta e limpa que seja a sua atuação, facilmente desperta ciúmes, suspicácias, invejas. – Se ocupas um cargo de direção, lembra-te de que essas apreensões de alguns, a respeito de um colega concreto, não são motivo suficiente para prescindir do "visado"; antes mostram que pode ser útil em tarefas maiores.

505 Obstáculos?... Às vezes, existem. – Mas, em algumas ocasiões, és tu que os inventas por comodismo ou por covardia. – Com que habilidade formula o diabo a aparência desses pretextos para que não trabalhes...!, porque sabe muito bem que a preguiça é a mãe de todos os vícios.

506 Desenvolves uma atividade incansável. Mas não procedes com ordem e, portanto, falta-te eficácia. – Fazes-me lembrar o que ouvi, certa vez, de lábios muito autorizados. Quis louvar um subordinado diante do seu superior, e comentei: Quanto trabalha! – Deram-me esta resposta: Diga antes: quanto se mexe!... ▷

– Desenvolves uma incansável atividade estéril... Quanto te mexes!

507 Para tirar importância ao trabalho de outro, cochichaste: não fez mais do que cumprir o seu dever.

E eu acrescentei: – Parece-te pouco?... Por cumprirmos o nosso dever, o Senhor nos dá a felicidade do Céu: «Euge serve bone et fidelis... intra in gaudium Domini tui» – muito bem, servo bom e fiel, entra no gozo eterno!

508 O Senhor tem o direito – e cada um de nós a obrigação – de que O glorifiquemos "em todos os instantes". Portanto, se desperdiçamos o tempo, roubamos glória a Deus.

509 Bem sabes que o trabalho é urgente, e que um minuto concedido à comodidade representa um tempo subtraído à glória de Deus. – Que esperas, pois, para aproveitar conscienciosamente todos os instantes?

Além disso, aconselho-te a considerar se esses minutos que te sobram ao longo do dia – bem somados, perfazem horas! – não obedecem à tua desordem ou à tua poltronice.

510 A tristeza e a intranquilidade são proporcionais ao tempo perdido. – Quando sentires uma santa impaciência por aproveitar todos os minutos, hão de invadir-te a alegria e a paz, porque não pensarás em ti.

511 Preocupações?... – Eu não tenho preocupações – disse-te –, porque tenho muitas ocupações.

512 Passas por uma fase crítica: um certo temor vago; dificuldade em adaptar o plano de vida; um trabalho sufocante, porque não te chegam as vinte e quatro horas do dia para cumprires todas as tuas obrigações...

– Já experimentaste seguir o conselho do Apóstolo: "Faça-se tudo com decoro e ordem"?, quer dizer, na presença de Deus, com Ele, por Ele e só para Ele?

513 Quando distribuíres o teu tempo, deves pensar também em que é que vais empregar os espaços livres que se apresentem a horas imprevistas.

514 Sempre entendi o descanso como um afastar-se das contingências diárias, nunca como dias de ócio. ▷

Descanso significa represar: acumular forças, ideais, planos... Em poucas palavras: mudar de ocupação, para voltar depois – com novos brios – aos afazeres habituais.

515 Agora, que tens muitas coisas que fazer, desapareceram todos os "teus problemas"... – Sê sincero: como te decidiste a trabalhar por Ele, já não te sobra tempo para pensar nos teus egoísmos.

516 As jaculatórias não dificultam o trabalho, como o bater do coração não estorva os movimentos do corpo.

517 Santificar o trabalho próprio não é uma quimera, mas missão de todo o cristão...: tua e minha.

– Assim o descobriu aquele torneiro mecânico, que comentava: "Deixa-me louco de alegria essa certeza de que eu, manejando o torno e cantando, cantando muito – por dentro e por fora –, posso fazer-me santo... Que bondade a do nosso Deus!"

518 A tua tarefa parece-te ingrata, especialmente quando observas como os teus colegas

amam pouco a Deus, ao mesmo tempo que fogem da graça e do bem que lhes desejas fazer.

Tens de procurar compensar tu o que eles omitem, dando-te também a Deus no trabalho – como nunca o tinhas feito até agora –, convertendo-o em oração que sobe ao Céu por toda a humanidade.

519 Trabalhar com alegria não significa trabalhar "alegremente", sem profundidade, como que tirando de cima dos ombros um peso incômodo...

Procura que, por estouvamento ou leviandade, os teus esforços não percam valor e, no fim das contas, te exponhas a apresentar-te diante de Deus de mãos vazias.

520 Alguns atuam com preconceitos no trabalho: por princípio, não confiam em ninguém e, obviamente, não entendem a necessidade de procurar a santificação do seu ofício. Se lhes falas, respondem-te que não acrescentes mais uma carga à do seu próprio trabalho, que suportam de má vontade, como um peso.

– Esta é uma das batalhas de paz que é preciso vencer: encontrar a Deus nas ocupações e – com Ele e como Ele – servir os outros.

521 Assustam-te as dificuldades, e te retrais. Sabes que resumo se pode fazer do teu comportamento? Comodismo, comodismo, comodismo!

Tinhas dito que estavas disposto a gastar-te, e a gastar-te sem limites, e ficas em aprendiz de herói. Reage com maturidade!

522 Estudante: aplica-te aos teus livros com espírito de apóstolo, intimamente convencido de que essas horas e horas são já – agora! – um sacrifício espiritual oferecido a Deus, proveitoso para a humanidade, para o teu país, para a tua alma.

523 Tens um cavalo de batalha que se chama estudo: propões-te mil vezes aproveitar o tempo e, no entanto, qualquer coisa te distrai. Às vezes, cansas-te de ti mesmo, pela pouca vontade que manifestas, embora todos os dias recomeces.

Experimentaste oferecer o teu estudo por intenções apostólicas concretas?

524 É mais fácil mexer-se do que estudar, e menos eficaz.

525 Se sabes que o estudo é apostolado, e te limitas a estudar para passar, evidentemente a tua vida interior vai mal.

Com esse desleixo, perdes o bom espírito e, como aconteceu àquele trabalhador da parábola, que escondeu com manha o talento recebido, se não retificas, podes autoexcluir-te da amizade com o Senhor, para te enlameares nos teus cálculos de comodismo.

526 É necessário estudar... Mas não é suficiente.

Que se pode conseguir de quem se mata para alimentar o seu egoísmo, ou de quem não persegue outro objetivo senão o de garantir a tranquilidade, para dentro de uns anos?

É preciso estudar... para ganhar o mundo e conquistá-lo para Deus. Então elevaremos o nível do nosso esforço, procurando que o trabalho realizado se converta em encontro com o Senhor, e sirva de base aos outros, aos que seguirão o nosso caminho...

– Deste modo, o estudo será oração.

527 Depois de ter conhecido tantas vidas heroicas, vividas por Deus sem saírem do seu lugar, cheguei a esta conclusão: para um católico, trabalhar não é cumprir, é amar!; é exceder-se com muito gosto, e sempre, no dever e no sacrifício.

528 Quando compreenderes esse ideal de trabalho fraterno por Cristo, sentir-te-ás maior, mais firme, e tão feliz quanto se pode ser neste mundo, que tantos se empenham em desmantelar e tornar amargo, porque andam exclusivamente atrás do seu próprio eu.

529 A santidade compõe-se de heroísmos. – Portanto, o que se nos pede no trabalho é o heroísmo de "acabar" bem as tarefas que nos competem, dia após dia, ainda que se repitam as mesmas ocupações. Senão, não queremos ser santos!

530 Convenceu-me aquele sacerdote amigo nosso. Falava-me da sua atividade apostólica, e assegurava-me que não há ocupações pouco importantes. Debaixo deste campo coalhado de rosas – dizia –, esconde-se o esforço silencioso de tantas almas que, com o seu trabalho e a sua oração, com a sua oração e o seu trabalho, conseguiram do Céu uma chuva torrencial de graças, que tudo fecunda.

531 Coloca na tua mesa de trabalho, no teu quarto, na tua carteira..., uma imagem de Nossa Senhora, e dirige-lhe o olhar ao começares a tua tarefa, enquanto a realizas e ao terminá-la. Ela te alcançará – garanto-te! – a força necessária para fazeres da tua ocupação um diálogo amoroso com Deus.

FRIVOLIDADE

532   Quando se pensa com a mente clara nas misérias da terra, e se contrasta esse panorama com as riquezas da vida com Cristo, a meu ver não se encontra senão uma palavra que qualifique – com expressão rotunda – o caminho que muitos escolhem: estupidez, estupidez, estupidez.

Não é que a maioria dos homens nos enganemos; sucede-nos coisa bastante pior: somos tolos da cabeça aos pés.

533   É triste que não queiras esconder-te como um silhar, para alicerçar o edifício. Mas que te convertas em pedra onde os outros tropecem..., isso parece-me de malvados!

534   Não te escandalizes por haver maus cristãos, que fazem barulho e não praticam. O Senhor – escreve o Apóstolo – "há de pagar a

cada um segundo as suas obras": a ti, pelas tuas; e a mim, pelas minhas.

– Se tu e eu nos decidirmos a portar-nos bem, para já haverá dois pilantras a menos no mundo.

535 Enquanto não lutares contra a frivolidade, a tua cabeça será semelhante a uma loja de bricabraque: não conterá senão utopias, sonhos e... trastes velhos.

536 Tens uma dose de "malandragem" que, se a empregasses com sentido sobrenatural, te serviria para ser um cristão formidável... – Mas, tal como a usas, não passas de um formidável "malandro".

537 Quando te vejo tomar tudo à ligeira, lembras-me aquela velha piada: "Vem aí um leão!", disseram-lhe. E respondeu o cândido naturalista: "E eu que tenho com isso? Eu caço borboletas!"

538 Uma pessoa terrível: o ignorante que é, ao mesmo tempo, trabalhador infatigável.

Não afrouxes, ainda que estejas morrendo de velho, no empenho por formar-te mais.

539 Desculpa própria do homem frívolo e egoísta: "Não gosto de comprometer-me com nada".

540 Não queres nem uma coisa – o mal – nem outra – o bem –... E assim, mancando dos dois pés, além de errares de caminho, a tua vida fica cheia de vazio.

541 «In medio virtus...» – A virtude está no meio, diz a sábia sentença, para nos afastar dos extremismos. – Mas não vás cair no logro de converter esse conselho em eufemismo para encobrir o teu comodismo, a tua matreirice, a tua tibieza, a tua "cara-de-pau", a tua falta de ideais, o teu aburguesamento.

Medita aquelas palavras da Escritura Santa: "Oxalá fosses frio ou quente! Mas porque és tíbio, e não frio nem quente, estou para te vomitar da minha boca".

542 Nunca chegas ao miolo. Ficas sempre no acidental! – Permite-me que te repita com a Escritura Santa: não fazes mais do que "falar ao vento"!

543 Não te comportes tu como esses que, ouvindo um sermão, em vez de aplicarem a

FRIVOLIDADE

doutrina a si mesmos, pensam: como isto se aplica bem a Fulano!

544 Às vezes, alguns pensam que na calúnia não há má intenção: é a hipótese – dizem – com que a ignorância explica o que desconhece ou não compreende, para se dar ares de bem informada.

Mas é duplamente má: por ser ignorante e por ser mentirosa.

545 Não fales com tanta irresponsabilidade... Não compreendes que, mal lanças a primeira pedra, outros – no anonimato – organizam um apedrejamento?

546 És tu mesmo quem cria essa atmosfera de descontentamento entre os que te rodeiam? – Perdoa então que te diga que, além de malvado, és... estúpido.

547 Perante a desgraça ou o erro, é uma triste satisfação poder dizer: "Eu já o tinha previsto".

Isso significaria que não te importavas com a desventura alheia: porque deverias tê-la remediado, se estava ao teu alcance.

548 Há muitos modos de semear desorientação... – Basta, por exemplo, apontar a exceção como regra geral.

549 Dizes que és católico... – Por isso, que pena me dás quando verifico que as tuas convicções não são suficientemente sólidas para te levarem a viver um catolicismo de ação, sem soluções de continuidade e sem ressalvas.

550 Faria rir, se não fosse tão dolorosa, essa ingenuidade com que aceitas – por ligeireza, ignorância, complexo de inferioridade... – as balelas mais grosseiras.

551 Imaginam os tolos, os inconscientes, os hipócritas, que os outros são também da sua condição... E os tratam – e isso é o que dá pena – como se o fossem.

552 Já seria ruim que perdesses o tempo, que não é teu, mas de Deus, e para a sua glória. Mas se, além disso, fazes com que outros o percam, diminuis por um lado o teu prestígio e, por outro, aumentas o esbulho da glória que deves a Deus.

FRIVOLIDADE

553 Faltam-te a maturidade e o recolhimento próprios de quem caminha pela vida com a certeza de um ideal, de uma meta. – Reza à Virgem Santa, para que aprendas a exaltar a Deus com toda a tua alma, sem dispersões de nenhum gênero.

NATURALIDADE

554 Cristo ressuscitado: o maior dos milagres só foi visto por uns poucos..., os necessários. A naturalidade é a assinatura dos empreendimentos divinos.

555 Quando se trabalha única e exclusivamente para a glória de Deus, tudo se faz com naturalidade, com simplicidade, como quem tem pressa e não pode deter-se em "grandes manifestações", para não perder esse trato – irrepetível e incomparável – com o Senhor.

556 "Por que razão" – perguntavas indignado – "o ambiente e os instrumentos de apostolado hão de ser feios, sujos... e complicados?" – E acrescentavas: "Mas se o gasto é o mesmo!"
 – A mim, a tua indignação pareceu-me

muito razoável. E pensei que Jesus se dirigia e atraía a todos: pobres e ricos, sábios e ignorantes, alegres e tristes, jovens e anciãos... Como é amável e natural – sobrenatural – a Sua figura!

557 Para a eficácia, naturalidade. – Que se pode esperar de um pincel – mesmo nas mãos de um grande pintor –, se o envolvem numa carapuça de seda?

558 Os santos acabam por ser sempre "incômodos" para os outros.

559 Santos, anormais?... Chegou a hora de arrancar esse preconceito.

Temos de ensinar, com a naturalidade sobrenatural da ascética cristã, que nem sequer os fenômenos místicos significam anormalidade: essa é a naturalidade desses fenômenos..., assim como outros processos psíquicos ou fisiológicos têm a sua.

560 Falava-te do horizonte que se abre diante dos nossos olhos, e do caminho que devemos percorrer. – Não tenho objeções!, declaraste, como que estranhado de "não as ter"... ▷

– Grava bem isto na cabeça: é que não deve havê-las!!

561 Evita essa adulação ridícula de que às vezes rodeias, talvez de um modo inconsciente, pela pessoa que governa, convertendo-te em alto-falante sistemático dos seus gostos ou das suas opiniões em pontos intranscendentes.

– Mas deves cuidar ainda mais de não te empenhares em apresentar os seus defeitos como pormenores simpáticos, chegando a uma familiaridade que o desautoriza, ou – o que seria prestar-lhe um triste serviço! – à deformação de converter o que não está certo em algo divertido.

562 Crias à tua volta um clima artificial, de desconfiança, de suspeita, porque, quando falas, dás a impressão de estar jogando xadrez: cada palavra, pensando na quarta jogada posterior.

Repara que o Evangelho, ao relatar a triste figura cautelosa e hipócrita dos escribas e fariseus, diz que faziam perguntas a Jesus, expunham-Lhe questões, «ut caperent eum in sermone» – para retorcer as suas palavras! – Foge desse comportamento.

563 A naturalidade nada tem a ver com a grosseria, nem com a sujeira, nem com a pobretice, nem com a má educação.

Alguns empenham-se em reduzir o serviço a Deus ao trabalho com o mundo da miséria e – perdoai – dos piolhos. Esta tarefa é e será necessária e admirável; mas, se ficarmos exclusivamente nisso, além de abandonarmos a imensa maioria das almas, quando tivermos tirado os necessitados dessa situação, iremos ignorá-los?

564 Dizes que és indigno? – Pois então... procura tornar-te digno. E pronto.

565 Que ânsias tens de ser extraordinário!... – O que acontece contigo é... vulgaríssimo!

566 Bem-aventurada és tu porque acreditaste, diz Isabel à nossa Mãe. – A união com Deus, a vida sobrenatural, comporta sempre a prática atraente das virtudes humanas: Maria leva a alegria ao lar da sua prima, porque "leva" Cristo.

VERACIDADE

567 Fazias a tua oração diante de um Crucifixo, e tomaste esta decisão: é melhor sofrer pela verdade, do que a verdade ter de sofrer por mim.

568 Muitas vezes, a verdade é tão inverossímil!..., sobretudo porque sempre exige coerência de vida.

569 Se te incomoda que te digam a verdade, então... por que perguntas?
– Pretendes talvez que te respondam com a tua verdade, para justificares os teus descaminhos?

570 Garantes que tens muito respeito pela verdade... Será por isso que te colocas sempre a uma distância tão "respeitosa"?

571 Não te comportes como um mentecapto: nunca é fanatismo querer conhecer cada dia melhor, e amar mais, e defender com maior segurança, a verdade que tens de conhecer, amar e defender.

Pelo contrário – digo-o sem medo –, caem no sectarismo os que se opõem a esta conduta lógica, em nome de uma falsa liberdade.

572 É fácil – o mesmo acontecia no tempo de Cristo – dizer "não": negar ou pôr em dúvida uma verdade de fé. – Tu, que te declaras católico, tens que partir do "sim".

– Depois, mediante o estudo, serás capaz de expor os motivos da tua certeza: de que não há contradição – não pode hávê-la – entre Verdade e ciência, entre Verdade e vida.

573 Não abandones a tarefa, não te afastes do caminho, mesmo que tenhas de conviver com pessoas cheias de preconceitos, como se a base dos raciocínios ou o significado dos termos se definissem pelo seu comportamento ou pelas suas afirmações.

– Esforça-te por fazer com que te entendam..., mas, se não o consegues, segue em frente.

574 Hás de encontrar pessoas a quem, pela sua obtusa teimosia, dificilmente poderás persuadir... Mas, fora esses casos, vale a pena esclarecer as discordâncias, e esclarecê-las com toda a paciência que seja necessária.

575 Alguns não ouvem – não desejam ouvir – senão as palavras que têm na cabeça.

576 Para muitos, a compreensão que exigem aos outros consiste em que todos passem para o seu lado.

577 Não posso acreditar na tua veracidade, se não sentes mal-estar – e um mal-estar incômodo! – ante a mentira mais pequena e inócua, que nada tem de pequena nem de inócua, porque é ofensa a Deus.

578 Por que olhas, e ouves, e lês, e falas, com intenção suja, e tratas de captar o "ruim" que reside, não na intenção dos outros, mas somente na tua alma?

579 Quando não há retidão naquele que lê, é difícil que descubra a retidão daquele que escreve.

580 O sectário só vê sectarismo em todas as atividades dos outros. Mede o próximo com a medida doentia do seu coração.

581 Causou-me pena aquele homem de governo. Intuía a existência de alguns problemas, aliás lógicos na vida..., e se assustou e se aborreceu quando lhos comunicaram. Preferia desconhecê-los, viver na meia-luz ou na penumbra da sua visão, para permanecer tranquilo.

Aconselhei-o a enfrentá-los com crueza e em plena luz, justamente para que deixassem de existir, e assegurei-lhe que então, sim, viveria com a verdadeira paz.

Quanto a ti, não resolvas os problemas, próprios e alheios, ignorando-os: isso seria comodismo, preguiça, abrir a porta à ação do diabo.

582 Cumpriste com o teu dever?... A tua intenção foi reta?... Sim? – Então não te preocupes se há pessoas anormais, que descobrem o mal que só existe no seu olhar.

583 Perguntaram-te – em tom inquisitivo – se julgavas boa ou má aquela tua decisão, que eles consideravam indiferente. ▷

E, de consciência tranquila, respondeste: "Só sei duas coisas: que a minha intenção é limpa e que... sei bem quanto me custa". E acrescentaste: "Deus é a razão e o fim da minha vida, e por isso consta-me que não há nada indiferente".

584 Explicaste-lhe os teus ideais e a tua conduta, segura, firme, de católico: e pareceu que aceitava e compreendia o caminho. – Mas depois ficaste com a dúvida de saber se não teria sufocado essa compreensão entre os seus costumes não muito corretos...

Procura-o de novo e esclarece-lhe que a verdade é coisa que se aceita para vivê-la ou para tentar vivê-la.

585 Quem são eles para me porem à prova?... Por que têm que desconfiar?, comentas-me. – Olha: responde-lhes, da minha parte, que desconfiem da sua própria miséria..., e prossegue com tranquilidade os teus passos.

586 Dão-te compaixão... – Com uma total falta de galhardia, jogam a pedra e escondem a mão.

Olha o que sentencia deles o Espírito Santo: "Ficarão confusos e envergonhados todos os forjadores de erros; todos à uma serão cobertos de opróbrio". Sentença que se cumprirá inexoravelmente.

587 Dizes que são bastantes os que difamam e murmuram daquele empreendimento apostólico?... – Pois bem, logo que tu proclamares a verdade, pelo menos já haverá um que não criticará.

588 No trigal mais belo e promissor, é fácil carpir carradas de saramagos, de papoulas e de capim...

– A respeito da pessoa mais íntegra e responsável, não falta – ao longo da história – com que encher páginas negras... Pensa também quanto não têm falado e escrito contra Nosso Senhor Jesus Cristo.

– Aconselho-te que – tal como no trigal – colhas as espigas brancas e graúdas: a verdadeira verdade.

589 Para ti, que me afirmaste que queres ter uma consciência reta: não esqueças que prestar ouvidos a uma calúnia, sem impugná-la, é converter-se em coletor de lixo.

590 Essa tua propensão – abertura, como lhe chamas – para admitir facilmente qualquer afirmação que vá contra aquela pessoa, sem ouvi-la, não é precisamente justiça..., e muito menos caridade.

591 Às vezes, a calúnia causa danos aos que a padecem... Mas a quem verdadeiramente desonra é aos que a lançam e difundem..., e depois carregam esse peso no fundo da alma.

592 Por que tantos murmuradores?, perguntas-te magoado. – Uns, por erro, por fanatismo ou por malícia. – Mas a maioria repete o boato por inércia, por superficialidade, por ignorância.

Por isso, volto a insistir: quando não puderes louvar, e não seja necessário falar, cala-te!

593 Quando a vítima caluniada sofre em silêncio, os "carrascos" assanham-se na sua valente covardia.

Desconfia dessas afirmações rotundas, se aqueles que as propugnam não tentaram, ou não quiseram, falar com o interessado.

594 Existem muitos modos de fazer um inquérito. Com um pouco de malícia, dando ouvidos às murmurações, reúnem-se dez volumes de bom tamanho contra qualquer pessoa honrada ou entidade digna. – E bem mais, se essa pessoa ou entidade trabalha com eficácia. – E muito mais ainda, se essa eficácia é apostólica...

Triste tarefa a dos promotores, mas mais triste ainda a atitude dos que se prestam a servir de alto-falante a essas afirmações iníquas e superficiais.

595 Esses – dizia ele com pena – não captam a figura de Cristo, mas uma máscara de Cristo... Por isso carecem de critério cristão, não alcançam a verdade e não dão fruto.

Não podemos esquecer, nós, os filhos de Deus, que o Mestre anunciou: "Quem vos ouve, a Mim ouve..." – Por isso..., temos de procurar ser Cristo; nunca a sua caricatura.

596 Neste caso, como em tantos outros, os homens mexem-se – todos julgam ter razão –..., e Deus os guia: quer dizer, por cima das suas razões particulares, acabará por triunfar a inescrutável e amorosíssima Providência de Deus.

Deixa-te, pois, "guiar" pelo Senhor, sem te opores aos seus planos, ainda que contradigam as tuas "razões fundamentais".

597 É uma experiência penosa observar que alguns, menos preocupados em aprender, em tomar posse dos tesouros adquiridos pela ciência, se dedicam a construí-la ao seu gosto, com procedimentos mais ou menos arbitrários.

Mas essa comprovação deve levar-te a redobrar o teu empenho em aprofundar na verdade.

598 Mais cômodo do que pesquisar é escrever contra os que pesquisam, ou contra os que contribuem com novas descobertas para a ciência e para a técnica. – Mas não devemos tolerar que, além disso, esses "críticos" pretendam erigir-se em senhores absolutos do saber e da opinião dos ignorantes.

599 "Não fica claro, não fica claro", contrapunha aquele homem à afirmação segura dos outros... E o que ficava claro era a sua ignorância.

600 Desagrada-te ferir, criar divisões, demonstrar intolerâncias..., e vais transigindo em atitudes e pontos – não são graves, garantes! – que trazem consequências nefastas para tantos.

Perdoa a minha sinceridade: com esse modo de proceder, tu, que tanto detestas a intolerância, cais na intolerância mais néscia e prejudicial: a de impedir que a verdade seja proclamada.

601 Deus, pela sua justiça e pela sua misericórdia – infinitas e perfeitas –, trata com o mesmo amor, e de modo desigual, os filhos desiguais.

Por isso, igualdade não significa medir todas as pessoas pela mesma bitola.

602 Dizes uma verdade a meias, com tantas possíveis interpretações, que se pode qualificar como... mentira.

603 A dúvida – no terreno da ciência, da fama alheia – é uma planta que se semeia facilmente, mas que custa muito a arrancar.

604 Fazes-me lembrar Pilatos: «Quod scripsi, scripsi!» – o que escrevi não se muda... –, depois de ter permitido o crime mais horrível. – És inamovível!, mas deverias ter assumido essa posição antes..., não depois!

605 É virtude manter-se coerente com as próprias resoluções. Mas, se os dados mudam

com o tempo, é também um dever de coerência retificar o enfoque e a solução do problema.

606 Não confundas a intransigência santa com a teimosia obtusa.

"Quebro, mas não me dobro", afirmas ufano e com certa altivez.

– Ouve-me bem: o instrumento quebrado torna-se imprestável, e deixa aberto o campo àqueles que, com aparente transigência, impõem depois uma nefasta intransigência.

607 «Sancta Maria, Sedes Sapientiae» – Santa Maria, Sede da Sabedoria. – Invoca com frequência, deste modo, a nossa Mãe, para que Ela cùmule os seus filhos – no seu estudo, no seu trabalho, na sua convivência – da Verdade que Cristo nos trouxe.

AMBIÇÃO

608 Perante os que reduzem a religião a um cúmulo de negações, ou se conformam com um catolicismo de meias-tintas; perante os que querem pôr o Senhor de cara contra a parede, ou colocá-Lo num canto da alma..., temos de afirmar, com as nossas palavras e com as nossas obras, que aspiramos a fazer de Cristo um autêntico Rei de todos os corações..., também dos deles.

609 Não trabalhes em empreendimentos apostólicos construindo somente para agora... Dedica-te a essas tarefas com a esperança de que outros – irmãos teus com o mesmo espírito – colham o que semeias a mãos cheias e arrematem os edifícios cujos alicerces vais lançando.

610　Quando o espírito cristão te animar de verdade, os teus anseios haverão de purificar-se. – Já não sentirás ânsias de conseguir renome, mas de perpetuar o teu ideal.

611　Se não é para construir uma obra muito grande, muito de Deus – a santidade –, não vale a pena entregar-se.

Por isso, a Igreja – ao canonizar os santos – proclama a heroicidade das suas vidas.

612　Quando trabalhares a sério pelo Senhor, a tua maior delícia consistirá em que haja muitos que te façam concorrência.

613　Nesta hora de Deus, a da tua passagem por este mundo, decide-te de verdade a realizar alguma coisa que valha a pena; o tempo urge, e é tão nobre, tão heroica, tão gloriosa a missão do homem e da mulher sobre a terra, quando acendem no fogo de Cristo os corações murchos e apodrecidos!

– Vale a pena levar aos outros a paz e a felicidade de uma enérgica e jubilosa cruzada.

614　Jogas a vida pela honra... Joga a honra pela alma.

AMBIÇÃO

615 Pela Comunhão dos Santos, tens de sentir-te muito unido aos teus irmãos. Defende sem medo essa bendita unidade!

— Se te encontrasses só, as tuas nobres ambições estariam condenadas ao fracasso: uma ovelha isolada é quase sempre uma ovelha perdida.

616 Achei graça à tua veemência. Perante a falta de meios materiais de trabalho e sem a ajuda de outros, comentavas: "Eu só tenho dois braços, mas às vezes sinto a impaciência de ser um monstro com cinquenta, para semear e apanhar a colheita".

— Pede ao Espírito Santo essa eficácia... Ele ta concederá!

617 Chegaram-te às mãos dois livros em russo, e deu-te uma vontade enorme de estudar essa língua. Imaginavas a beleza de morrer como grão de trigo nessa nação, agora tão árida, que com o tempo dará crescidos trigais...

— Acho bem as tuas ambições. Mas, agora, dedica-te ao pequeno dever, à grande missão de cada dia, ao teu estudo, ao teu trabalho, ao teu apostolado e, sobretudo, à tua formação, que —

pelo muito que ainda deves podar – não é tarefa nem menos heroica nem menos bela.

618   Para que serve um estudante que não estuda?

619   Quando estudar se torne para ti uma ladeira muito empinada, oferece a Jesus esse esforço. Dize-Lhe que continuas debruçado sobre os livros para que a tua ciência seja a arma com que combatas os seus inimigos e ganhes muitas almas para Ele... Então poderás ter a certeza de que o teu estudo leva caminho de converter-se em oração.

620   Se perdes as horas e os dias, se matas o tempo, abres as portas da tua alma ao demônio. Esse comportamento equivale a sugerir-lhe: "Aqui tens a tua casa".

621   Dizes que é difícil não perder o tempo. – Concedo-te... Mas olha que o inimigo de Deus, os "outros", não descansam.

Além disso, lembra-te desta verdade que Paulo, um campeão do amor de Deus, proclama: «Tempus breve est!» – esta vida escapa-nos das mãos, e não há possibilidade de recuperá-la.

622 Tens consciência do que significa seres ou não uma pessoa com sólida preparação? – Quantas almas!...

– E agora deixarás de estudar ou de trabalhar com perfeição?

623 Existem duas maneiras de alcançar altura: uma – cristã –, pelo esforço nobre e galhardo de subir para servir os demais homens; e outra – pagã –, pelo esforço baixo e ignóbil de afundar o próximo.

624 Não me afirmes que vives de olhos postos em Deus, se não te esforças por viver – sempre e em tudo –, com sincera e clara fraternidade, de olhos postos nos homens, em qualquer homem.

625 Os "ambiciosos" – de pequenas e miseráveis ambições pessoais – não entendem que os amigos de Deus aspirem a "alguma coisa", por serviço e não por "ambição".

626 Uma ansiedade te consome: a pressa em forjar-te logo, em moldar-te, em martelar-te e polir-te, para chegares a ser a peça harmônica que cumpra eficazmente a tarefa prevista, a missão atribuída..., no vasto campo de Cristo.

Rezo muito por ti, para que esse anseio seja acicate na hora do cansaço, do malogro, da obscuridade..., porque "a missão atribuída no vasto campo de Cristo" não pode mudar.

627 Precisas lutar decididamente contra essa falsa humildade – comodismo, é como deverias chamar-lhe – que te impede de comportar-te com a maturidade do bom filho de Deus: tens de crescer!

– Não te envergonhas de ver que os teus irmãos mais velhos levam anos de trabalho abnegado, e que tu ainda não és capaz – não queres ser capaz – de mexer um dedo para ajudá-los?

628 Deixa que a tua alma se consuma em desejos... Desejos de amor, de esquecimento próprio, de santidade, de Céu... Não te detenhas a pensar se chegarás alguma vez a vê-los realizados – como te sugerirá algum sisudo conselheiro –; aviva-os cada vez mais, porque o Espírito Santo diz que Lhe agradam os "varões de desejos".

Desejos operativos, que tens de pôr em prática na tarefa quotidiana.

629 Se o Senhor te chamou "amigo", tens de responder à chamada, tens de caminhar com passo rápido, com a urgência necessária: ao passo de Deus! Caso contrário, corres o risco de ficar em simples espectador.

630 Esquece-te de ti mesmo... Que a tua ambição seja a de não viveres senão para os teus irmãos, para as almas, para a Igreja; numa palavra, para Deus.

631 No meio do júbilo da festa, em Caná, apenas Maria repara na falta de vinho... Até aos menores detalhes de serviço chega a alma se, como Ela, vive apaixonadamente pendente do próximo por Deus.

HIPOCRISIA

632 Aos que a cultivam, a hipocrisia faz levar sempre uma vida de mortificação amarga e rancorosa.

633 Diante de propostas como a de Herodes – "Ide e informai-vos pontualmente do que há sobre esse menino e, quando o tiverdes achado, avisai-me para que eu também vá adorá-lo" –, peçamos ao Espírito Santo a sua ajuda, para que nos guarde das "proteções ou das boas promessas" de aparentes bem-intencionados.

– Não nos há de faltar a luz do Paráclito se, como os Magos, procurarmos a verdade e falarmos com sinceridade.

634 Então há quem se incomode porque dizes as coisas claramente?

– Talvez estejam procedendo com a consciência turva, e precisem encobri-la desse modo.

— Persevera na tua conduta, para ajudá-los a reagir.

635 Enquanto interpretares com má-fé as intenções alheias, não terás o direito de exigir compreensão para ti mesmo.

636 Falas continuamente de que é necessário corrigir, de que é preciso reformar. Muito bem...: reforma-te tu! – que boa falta te faz –, e já terás começado a reforma.

— Enquanto não o fizeres, não darei crédito às tuas proclamações de renovação.

637 Há alguns tão farisaicos que... se escandalizam quando veem que outras pessoas repetem exatamente o mesmo que antes escutaram dos lábios deles.

638 És tão intrometido, que parece que só tens por missão bisbilhotar na vida do próximo. E quando, por fim, tropeçaste com um homem digno, de vontade enérgica, que te deu um "basta", lamentas-te publicamente como se te tivesse ofendido.

— Até aí chegam o teu impudor e a tua consciência deformada..., e a de muitos.

639 Numa só jogada, pretendes apropriar-te da "honradez" da opinião verdadeira e das "vantagens" ignóbeis da opinião oposta...
— Isso, em qualquer língua, chama-se duplicidade.

640 Que bondade a daqueles!!... — Estão dispostos a "desculpar" o que só merece louvor.

641 Velho ardil, o do perseguidor que se diz perseguido... — O povo denunciou-o há muito tempo num claro adágio: atirar a pedra e sair gemendo.

642 Será verdade que — infelizmente — são numerosos os que faltam à justiça com as suas calúnias e, depois, invocam a caridade e a honradez, para que a sua vítima não possa defender-se?

643 Triste ecumenismo esse que anda na boca de católicos que maltratam outros católicos!

644 Que errônea visão da objetividade! Focalizam as pessoas ou as iniciativas com as lentes deformadas dos seus próprios defeitos e, com ácida desvergonha, criticam ou se permitem vender conselhos.

– Propósito concreto: ao corrigir ou aconselhar, falar na presença de Deus, aplicando essas mesmas palavras à nossa conduta.

645 Não recorras nunca ao método – sempre deplorável – de organizar agressões caluniosas contra ninguém... Muito menos em nome de motivos moralizantes, que nunca justificam uma ação imoral.

646 Não há isenção nem intenção reta nos teus conselhos, se te incomoda, ou consideras uma prova de desconfiança, que sejam ouvidas também outras pessoas de comprovada formação e reta doutrina.

– Se é certo que, como asseguras, te interessa o bem das almas ou a afirmação da verdade, por que te ofendes?

647 Maria nem a José comunica o mistério que Deus operou nEla. – Para que nos habituemos a não ser levianos, a dar o rumo devido às nossas alegrias e às nossas tristezas: sem procurar que nos exaltem ou que se compadeçam de nós. «Deo omnis gloria!» – tudo para Deus!

VIDA INTERIOR

648 Consegue mais aquele que importuna mais de perto... Por isso, aproxima-te de Deus: empenha-te em ser santo.

649 Gosto de comparar a vida interior a uma veste, à veste nupcial de que fala o Evangelho. O tecido compõe-se de cada um dos hábitos ou práticas de piedade que, como fibras, dão vigor ao pano. E assim como se despreza um terno com um rasgão, mesmo que o resto esteja em boas condições, se fazes oração, se trabalhas..., mas não és penitente – ou ao contrário –, a tua vida interior não é, por assim dizer, cabal!

650 Vamos ver quando acabas de entender que o teu único caminho possível é procurar seriamente a santidade!

Decide-te – não te ofendas – a tomar Deus

a sério. Essa tua leviandade, se não a combates, pode terminar numa triste farsa blasfema.

651 Umas vezes, deixas explodir o teu mau caráter, esse que em mais de uma ocasião aflora com uma dureza disparatada. Outras, não cuidas de arrumar o teu coração e a tua cabeça, para que sejam aposento regalado para a Santíssima Trindade... E, sempre, acabas por ficar um tanto longe de Jesus, a quem conheces pouco...

— Assim, nunca terás vida interior.

652 «Iesus Christus, perfectus Deus, perfectus Homo» — Jesus Cristo, perfeito Deus e perfeito Homem.

São muitos os cristãos que seguem Cristo, pasmados ante a sua divindade, mas O esquecem como Homem..., e fracassam no exercício das virtudes sobrenaturais — apesar de toda a armação externa de piedade —, porque não fazem nada por adquirir as virtudes humanas.

653 Remédio para tudo: santidade pessoal! — Por isso, os santos estiveram cheios de paz, de fortaleza, de alegria, de segurança...

654 Até agora, não tinhas compreendido a mensagem que nós, os cristãos, trazemos aos

demais homens: a escondida maravilha da vida interior.

Que mundo novo lhes estás mostrando!

655 Quantas coisas novas descobriste! – No entanto, às vezes és um ingênuo, e pensas que já viste tudo, que já estás a par de tudo... Depois, tocas com as mãos a riqueza única e insondável dos tesouros do Senhor, que sempre te mostrará "coisas novas", se corresponderes com amor e delicadeza; e então compreendes que estás no princípio do caminho, porque a santidade consiste na identificação com Deus, com esse nosso Deus que é infinito, inesgotável.

656 É com o Amor, mais do que com o estudo, que se chega a compreender as "coisas de Deus".

Por isso, tens de trabalhar, tens de estudar, tens de aceitar a doença, tens de ser sóbrio... amando!

657 Para o teu exame diário: deixei passar alguma hora sem falar com meu Pai-Deus?... Conversei com Ele, com amor de filho? – Podes!

658 Não queiramos enganar-nos... – Deus não é uma sombra, um ser longínquo, que nos cria e depois nos abandona; não é um amo que se vai e não volta mais. Ainda que não o percebamos com os nossos sentidos, a sua existência é muito mais verdadeira que a de todas as realidades que tocamos e vemos. Deus está aqui, conosco, presente, vivo. Ele nos vê, nos ouve, nos dirige, e contempla as nossas menores ações, as nossas intenções mais escondidas.

Acreditamos nisto..., mas vivemos como se Deus não existisse! Porque não temos para Ele nem um pensamento, nem uma palavra; porque não Lhe obedecemos, nem tratamos de dominar as nossas paixões; porque não Lhe manifestamos amor, nem O desagravamos...

Vamos continuar a viver com uma fé morta?

659 Se tivesses presença de Deus, quantas atuações "irremediáveis" remediarias!

660 Como podes viver na presença de Deus, se não fazes mais do que olhar para toda a parte?... – Estás como que bêbado de futilidades.

661 É possível que te assuste esta palavra: meditação. – Recorda-te livros de capas pretas e velhas, ruídos de suspiros ou de rezas como

cantilenas rotineiras... Mas isso não é meditação.

Meditar é considerar, contemplar que Deus é teu Pai, e tu, seu filho, necessitado de ajuda; e depois dar-Lhe graças pelo que já te concedeu e por tudo o que te dará.

662 O único meio de conhecer Jesus: chegar a um trato íntimo com Ele! NEle encontrarás sempre um Pai, um Amigo, um Conselheiro e um Colaborador para todas as atividades nobres da tua vida quotidiana...

– E, com o trato íntimo, nascerá o Amor.

663 Se és tenaz em assistir diariamente a umas aulas, só porque ali adquires uns conhecimentos... muito limitados, como é que não tens constância para frequentar o Mestre, sempre desejoso de ensinar-te a ciência da vida interior, de sabor e conteúdo eternos?

664 Que vale o maior homem, ou o maior galardão da terra, comparados com Jesus Cristo, que está sempre à tua espera?

665 Um tempo de meditação diária – união de amizade com Deus – é coisa própria de pessoas

que sabem aproveitar retamente a sua vida; de cristãos conscientes, que agem com coerência.

666 Os namorados não sabem dizer até logo um ao outro: acompanham-se sempre.
— Tu e eu... amamos assim o Senhor?

667 Não viste como, para agradar e bem parecer, se arrumam os que se amam?
— Pois assim deves arrumar e compor a tua alma.

668 Em geral, a graça atua como a natureza: por graus. — Não podemos propriamente antecipar-nos à ação da graça; mas, naquilo que depende de nós, temos de preparar o terreno e cooperar, quando Deus no-la concede.

É mister conseguir que as almas apontem muito alto: empurrá-las para o ideal de Cristo; levá-las até às últimas consequências, sem atenuantes nem paliativos de espécie alguma, porém sem esquecer que a santidade não é primordialmente questão de braços: normalmente, a graça tem os seus tempos e não gosta de violências.

Fomenta as tuas santas impaciências..., mas não percas a paciência.

669 Corresponder à graça divina – perguntas – é uma questão de justiça..., de generosidade...?

– De Amor!

670 "Os assuntos fervem na minha cabeça nos momentos mais inoportunos...", dizes.

Por isso te recomendei que procurasses conseguir uns tempos de silêncio interior..., e a guarda dos sentidos externos e internos.

671 "Fica conosco, porque escureceu..." Foi eficaz a oração de Cléofas e do seu companheiro.

– Que pena se tu e eu não soubéssemos «deter» Jesus que passa! Que dor, se não Lhe pedimos que fique!

672 Esses minutos diários de leitura do Novo Testamento que te aconselhei – metendo-te e participando no conteúdo de cada cena, como mais um protagonista –, são para que encarnes, para que "cumpras" o Evangelho na tua vida... e para que o "faças cumprir".

673 Antes "divertias-te" muito... – Mas agora que trazes Cristo em ti, toda a tua vida se encheu de sincera e comunicativa alegria. Por isso atrais outros.

– Frequenta-O mais, para chegares a todos.

674 Atenção: vai com muito cuidado! – Procura que, ao elevares tu a temperatura do ambiente que te rodeia, não baixe a tua.

675 Acostuma-te a referir tudo a Deus.

676 Não observas como muitos dos teus companheiros sabem demonstrar grande delicadeza e sensibilidade no seu trato com as pessoas que amam: a namorada, a mulher, os filhos, a família...?

– Tens que dizer-lhes – e exigir isso de ti mesmo! – que o Senhor não merece menos: que O tratem assim! E aconselha-os, além disso, a continuar com essa delicadeza e essa sensibilidade, mas vividas com Ele e por Ele, e alcançarão uma felicidade nunca dantes sonhada, também aqui na terra.

677 O Senhor semeou na tua alma boa semente. E valeu-se – para essa sementeira de vida eterna – do meio poderoso da oração: porque não podes negar que, muitas vezes, estando diante do Sacrário, cara a cara, Ele te fez ouvir – no fundo da tua alma – que te queria para Si, que tinhas que deixar tudo... Se agora negas isso, és um miserável traidor; e, se o esqueceste, és um ingrato.

Valeu-se também – não duvides disso, como não duvidaste até agora – dos conselhos ou insinuações sobrenaturais do teu Diretor, que te repetiu insistentemente palavras que não deves passar por alto; e valeu-se no começo, além disso – sempre para depositar a boa semente na tua alma –, daquele amigo nobre, sincero, que te disse verdades fortes, cheias de amor de Deus.

– Mas, com ingênua surpresa, descobriste que o inimigo semeou joio na tua alma. E que continua a semeá-lo, enquanto tu dormes comodamente e amoleces na tua vida interior. – Esta, e não outra, é a razão pela qual encontras na tua alma plantas pegajosas, mundanas, que de vez em quando parece que vão afogar o grão de trigo bom que recebeste...

– Arranca-as de uma vez por todas! Basta-te a graça de Deus. Não temas que deixem um buraco, uma ferida... O Senhor lançará aí uma nova semente sua: amor de Deus, caridade fraterna, ânsias de apostolado... E, passado o tempo, não permanecerá nem o menor rasto do joio – desde que agora, que estás a tempo, o extirpes pela raiz; e melhor ainda, se não dormes e vigias de noite o teu campo.

678 Felizes aquelas almas bem-aventuradas que, quando ouvem falar de Jesus – e Ele nos fala constantemente –, O reconhecem na hora como o Caminho, a Verdade e a Vida!
— Bem sabes que, quando não participamos dessa felicidade, é porque nos faltou a determinação de segui-Lo.

679 Mais uma vez sentiste Cristo muito perto. – E mais uma vez compreendeste que tens de fazer tudo por Ele.

680 Aproxima-te mais do Senhor..., mais! – Até que se converta em teu Amigo, teu Confidente, teu Guia.

681 Cada dia te vês mais metido em Deus..., dizes-me. – Então, cada dia estarás mais perto dos teus irmãos.

682 Se até agora, antes de encontrá-Lo, querias correr na tua vida com os olhos abertos,

para estares a par de tudo, a partir deste momento... toca a correr com o olhar limpo!, para veres com Ele o que verdadeiramente te interessa.

683 Quando há vida interior, recorre-se a Deus em qualquer contrariedade, com a espontaneidade com que o sangue acode à ferida.

684 "Isto é o meu Corpo...", e Jesus imolou-se, ocultando-se sob as espécies do pão. Agora está ali, com a sua Carne e com o seu Sangue, com a sua Alma e com a sua Divindade: exatamente como no dia em que Tomé meteu os dedos nas suas Chagas gloriosas.

Contudo, em tantas ocasiões, tu passas ao largo, sem esboçar ao menos um breve cumprimento de simples cortesia, como fazes com qualquer pessoa conhecida que encontras pela rua.

– Tens bastante menos fé que Tomé!

685 Se, para libertar-te, tivessem posto na cadeia um teu amigo íntimo, não procurarias ir visitá-lo, conversar um pouco com ele, levar-lhe presentes, calor de amizade, consolo?... E, se essa conversa com o encarcerado fosse para

salvar-te a ti de um mal e proporcionar-te um bem..., tu a abandonarias? E se, em vez de um amigo, se tratasse do teu próprio pai ou do teu irmão?

– Então!

686 Jesus ficou na Hóstia Santa por nós!: para permanecer ao nosso lado, para nos amparar, para nos guiar. – E amor somente com amor se paga.

– Como não havemos de abeirar-nos do Sacrário, todos os dias, nem que seja apenas por uns minutos, para levar-Lhe a nossa saudação e o nosso amor de filhos e de irmãos?

687 Viste a cena? – Um sargento qualquer ou um tenentinho de pouco mando...; pela frente, aproxima-se um pracinha bem-apessoado, de condições incomparavelmente melhores que as dos oficiais, e não faltam nem a continência nem a resposta.

– Medita no contraste. – Lá do Sacrário dessa igreja, Cristo – perfeito Deus, perfeito Homem –, que morreu por ti na Cruz, e que te dá todos os bens de que necessitas..., aproxima-se de ti. E tu passas sem reparar.

688 Começaste com a tua visita diária... – Não me admira que me digas: começo a amar com loucura a luz do Sacrário.

689 Que não faltem diariamente um "Jesus, eu te amo" e uma comunhão espiritual – ao menos –, como desagravo por todas as profanações e sacrilégios que Ele sofre por estar conosco.

690 Não se cumprimentam e se tratam com cordialidade todas as pessoas queridas? – Pois bem, vamos tu e eu cumprimentar – muitas vezes ao dia – Jesus, Maria e José, e o nosso Anjo da Guarda.

691 Deves ter uma devoção intensa à nossa Mãe. Ela sabe corresponder com primor às delicadezas que lhe manifestamos.

Além disso, se rezas o terço todos os dias, com espírito de fé e amor, a Senhora se encarregará de levar-te muito longe pelo caminho do seu Filho.

692 Sem o auxílio da nossa Mãe, como havemos de manter-nos firmes na luta diária? – Procuras esse auxílio constantemente?

693 O Anjo da Guarda acompanha-nos sempre como testemunha especialmente qualificada. Será ele quem, no teu juízo particular, recordará as delicadezas que tiveres tido com Nosso Senhor, ao longo da tua vida. Mais ainda: quando te sentires perdido ante as terríveis acusações do inimigo, o teu Anjo apresentará aqueles impulsos íntimos – que talvez tu mesmo tenhas esquecido –, aquelas manifestações de amor que tenhas dedicado a Deus Pai, a Deus Filho, a Deus Espírito Santo.

Por isso, não esqueças nunca o teu Anjo da Guarda, e esse Príncipe do Céu não te abandonará nem agora nem no momento decisivo.

694 As tuas comunhões eram muito frias: prestavas pouca atenção ao Senhor; qualquer bagatela te distraía... – Mas, desde que pensas – nesse teu íntimo colóquio com Deus – que estão presentes os Anjos, a tua atitude mudou...: "Que não me vejam assim!", dizes para ti mesmo...

– E olha como, com a força do "que vão dizer?" – desta vez, para bem –, avançaste um pouquinho em direção ao Amor.

695 Quando te vires com o coração seco, sem saber o que dizer, recorre com confiança à

Santíssima Virgem. Dize-lhe: Minha Mãe Imaculada, intercedei por mim.

Se a invocares com fé, Ela te fará saborear – no meio dessa secura – a proximidade de Deus.

SOBERBA

696 Arrancar pela raiz o amor-próprio e pôr em seu lugar o amor a Jesus Cristo: nisto radica o segredo da eficácia e da felicidade.

697 Embora afirmes que O segues, de uma maneira ou de outra pretendes sempre ser "tu" mesmo a agir, segundo os "teus" planos e unicamente com as "tuas" forças. — Mas o Senhor disse: «Sine me nihil!» — sem Mim, nada podes fazer.

698 Ignoraram isso que tu chamas o teu "direito", que eu te traduzi como o teu "direito à soberba"... Pobre palhaço! — Sentiste, porque não podias defender-te — o atacante era poderoso —, a dor de cem bofetões. — E, apesar de tudo, não aprendes a humilhar-te.

Agora é a tua consciência que te censura: chama-te soberbo... e covarde. — Dá graças a

Deus, porque já vais entrevendo o teu "dever da humildade".

699 Estás cheio de ti, de ti, de ti... – E não serás eficaz enquanto não te deixares encher por Ele, por Ele, por Ele, atuando «in nomine Domini» – em nome e com a força de Deus.

700 Como pretendes seguir Cristo, se giras somente à volta de ti mesmo?

701 Uma preocupação impaciente e desordenada por subir profissionalmente pode mascarar o amor-próprio sob o pretexto de "servir as almas". Com falsidade – não tiro uma letra –, forjamos a justificativa de que não devemos desaproveitar certas conjunturas, certas circunstâncias favoráveis...

Volve os teus olhos para Jesus: Ele é "o Caminho". Também durante os seus anos escondidos surgiram conjunturas e circunstâncias "muito favoráveis" para antecipar a sua vida pública. Aos doze anos, por exemplo, quando os doutores da lei se admiraram das suas perguntas e das suas respostas... Mas Jesus Cristo cumpre a Vontade de seu Pai, e espera: obedece!

– Sem perderes essa santa ambição de levar o mundo inteiro a Deus, quando se insinuarem essas iniciativas – quem sabe, ânsias de deserção –, lembra-te de que também a ti te toca obedecer e ocupar-te dessa tarefa obscura, pouco brilhante, enquanto o Senhor não te pedir outra coisa: Ele tem os seus tempos e os seus caminhos.

702 Fátuos e soberbos, é assim que se revelam todos aqueles que abusam da sua situação de privilégio – dada pelo dinheiro, pela linhagem, pelo grau hierárquico, pelo cargo, pela inteligência... – para humilhar os menos favorecidos.

703 A soberba, mais cedo ou mais tarde, acaba por humilhar, diante dos outros, o homem "mais homem", que atua como uma marionete vaidosa e sem cérebro, movida pelos fios que satanás manobra.

704 Por presunção ou por simples vaidade, muitos mantêm um "mercado negro", para fazer subir artificialmente os seus valores pessoais.

705 Cargos... Em cima ou em baixo? – Tanto te faz!... Tu vieste – assim o garantes – para ser útil, para servir, com uma disponibilidade total: então porta-te em consequência.

706 Ficas falando, criticando... Parece que, sem ti, nada se faz bem.

— Não te zangues se te digo que te comportas como um déspota arrogante.

707 Se lealmente, com caridade, um bom amigo te faz ver, a sós, pontos que desfeiam a tua conduta, ergue-se dentro de ti a convicção de que se engana: não te compreende. Com esse falso convencimento, filho do teu orgulho, serás sempre incorrigível.

— Dás-me pena: falta-te decisão para procurar a santidade.

708 Malicioso, suspicaz, complicado, desconfiado, receoso..., adjetivos todos que mereces, ainda que te incomodem.

— Retifica! Por que os outros hão de ser sempre maus... e tu bom?

709 Encontras-te só..., queixas-te..., tudo te incomoda. — Porque o teu egoísmo te isola dos teus irmãos, e porque não te aproximas de Deus.

710 Sempre pretendendo que façam caso de ti ostensivamente!... Mas, sobretudo, que façam mais caso de ti do que dos outros!

711 Por que ficas imaginando que tudo o que te dizem tem segunda intenção?... Com a tua suscetibilidade, estás limitando continuamente a ação da graça, que te chega por meio da palavra, não tenhas dúvida, daqueles que lutam por adequar as suas obras ao ideal de Cristo.

712 Enquanto continuares persuadido de que os outros têm que viver sempre pendentes de ti, enquanto não te decidires a servir – a ocultar-te e desaparecer –, o convívio com os teus irmãos, com os teus colegas, com os teus amigos, será fonte contínua de desgostos, de mau humor... – de soberba.

713 Detesta a jactância. – Repudia a vaidade. – Combate o orgulho, cada dia, a cada instante.

714 Os pobrezinhos dos soberbos sofrem por mil e uma pequenas tolices, que o seu amor-próprio agiganta, e que aos outros passam despercebidas.

715 Pensas que os outros nunca tiveram vinte anos? Pensas que nunca estiveram cerceados pela família, como menores de idade? Pensas

que lhes foram poupados os problemas – mínimos ou não tão mínimos – com que tu tropeças?... Não. Eles passaram pelas mesmas circunstâncias que atravessas agora, e fizeram-se homens maduros – com a ajuda da graça –, espezinhando o seu eu com perseverança generosa, cedendo no que se podia ceder, e mantendo-se leais, sem arrogância e sem ferir – com serena humildade –, quando não se podia.

716 Ideologicamente, és muito católico. Gostas do ambiente dessa Residência universitária... Pena que a Missa não seja ao meio-dia, e as aulas à tarde, para poderes estudar depois do jantar, saboreando um ou dois cálices de conhaque! – Esse teu "catolicismo" não corresponde à verdade, fica em simples aburguesamento.

– Não compreendes que na tua idade já não se pode pensar assim? Sai da tua poltronice, da tua egolatria..., e adapta-te às necessidades dos outros, à realidade que te rodeia, e viverás a sério o catolicismo.

717 "Esse santo – dizia aquele que tinha doado a imagem exposta ao culto –... deve-me tudo o que é".

Não penses que é uma caricatura: também

tu consideras – ao menos, é o que parece pelo teu comportamento – que cumpres com Deus, por trazeres umas medalhas ou praticares uns atos de piedade mais ou menos rotineiros.

718 Que vejam as minhas boas obras!... – Mas não percebes que parece que as levas num cesto de bugigangas, para que contemplem as tuas qualidades?

Além disso, não te esqueças da segunda parte do que Jesus mandou: "e glorifiquem o vosso Pai que está nos céus".

719 "A mim mesmo, com a admiração que me devo". – Foi o que escreveu na primeira página de um livro. E o mesmo poderiam estampar muitos outros coitados, na última página da sua vida.

Que pena, se tu e eu vivêssemos ou terminássemos assim! – Vamos fazer um exame sério.

720 Não tomes nunca uma atitude de suficiência perante as coisas da Igreja, nem perante os homens, teus irmãos... Mas, em contrapartida, essa atitude pode ser necessária na atuação social, quando se trata de defender os interesses de Deus e das almas, porque então já não se trata de suficiência, mas de fé e fortaleza, que viveremos com serena e humilde segurança.

721 É indiscreto, pueril e tolo dizer coisas amáveis dos outros ou elogiar as suas qualidades na presença dos interessados.
– Assim se fomenta a vaidade e se corre o risco de "roubar" glória a Deus, a Quem tudo se deve.

722 Procura que a tua boa intenção se faça acompanhar sempre de humildade. Porque, com frequência, às boas intenções se unem a dureza no julgar, uma quase incapacidade de ceder, e um certo orgulho pessoal, nacional ou de grupo.

723 Não desanimes com os teus erros: reage. – A esterilidade não é tanto consequência das faltas – sobretudo se nos arrependemos – como da soberba.

724 Se caíste, levanta-te com mais esperança... Só o amor-próprio não compreende que o erro, quando é retificado, ajuda a conhecer-se e a humilhar-se.

725 "Não servimos para nada". – Afirmação pessimista e falsa. – Se se quer, com a graça de Deus – requisito prévio e fundamental –, pode-se chegar a servir, como bom instrumento, em muitos empreendimentos.

726 Fez-me pensar a frase dura, mas exata, daquele homem de Deus, ao contemplar a arrogância de certa criatura: "Veste-se com a mesma pele do diabo, a soberba".

E senti na alma, por contraste, o desejo sincero de me revestir da virtude que Jesus Cristo pregou «quia mitis sum et humilis corde» – sou manso e humilde de coração –; e que atraiu o olhar da Trindade Santíssima sobre a sua Mãe e nossa Mãe: a humildade, o saber-nos e sentir-nos nada.

AMIZADE

727 Sempre que te custe fazer um favor, prestar um serviço a uma pessoa, pensa que ela é filha de Deus, lembra-te de que o Senhor mandou que nos amássemos uns aos outros.

— Mais ainda: aprofunda quotidianamente nesse preceito evangélico; não fiques na superfície. Tira as consequências – é muito fácil –, e acomoda a tua conduta de cada instante a esses apelos.

728 Vive-se de modo tão precipitado, que a caridade cristã passou a constituir um fenômeno estranho neste nosso mundo, por mais que – ao menos nominalmente – se pregue Cristo...

— Admito. Mas, que fazes tu que, como católico, tens de identificar-te com Ele e seguir as suas pegadas? Porque Ele nos indicou que temos de ir ensinar a sua doutrina a todas as gentes – a todas! – e em todos os tempos.

729 Os homens – como aconteceu sempre na história – coligam as suas vidas para cumprirem uma missão e um destino coletivos.

– Será que vale menos, para os homens e mulheres de hoje, o "único destino" da felicidade eterna?

730 Compreendeste o sentido da amizade quando chegaste a sentir-te como pastor de um pequenino rebanho, que tinhas abandonado, e que agora procuras reunir novamente, cuidando de servir a cada um.

731 Não podes ser apenas um elemento passivo. Tens de converter-te em verdadeiro amigo dos teus amigos: "ajudá-los". Primeiro, com o exemplo da tua conduta. E depois, com o teu conselho e com o ascendente que a intimidade confere.

732 Entusiasmou-te esse espírito de irmandade e companheirismo, que descobriste inesperadamente... – Claro: é coisa que tinhas sonhado com tanta força, mas que nunca tinhas visto. Não o tinhas visto, porque os homens se esquecem de que são irmãos de Cristo, desse amável Irmão nosso, que entregou a sua vida pelos outros, por todos e por cada um, sem condições.

733 Tiveste a grande sorte de encontrar mestres de verdade, amigos autênticos, que te ensinaram sem reservas tudo quanto quiseste saber; não precisaste de artimanhas para lhes "roubar" a sua ciência, porque te indicaram o caminho mais fácil, embora a eles lhes tenha custado duro trabalho e sofrimentos descobri-lo... Agora, toca-te a ti fazer outro tanto, com este, com aquele, com todos!

734 Medita bem nisto e tira as consequências: essas pessoas, que te acham antipático, deixarão de pensar assim quando perceberem que "verdadeiramente" lhes queres bem. Depende de ti.

735 Não basta que sejas bom: tens de parecê-lo. Que dirias de uma roseira que não produzisse senão espinhos?

736 Para caldear os tíbios, é preciso rodeá--los com o fogo do entusiasmo.

Muitos poderiam gritar-nos: Não lamenteis o meu estado! Ensinai-me o caminho para sair desta situação, que tanto vos entristece!

737 O dever da fraternidade, para com todas as almas, far-te-á exercitar "o apostolado das pequenas coisas", sem que o notem: com ânsias de serviço, de modo que o caminho se lhes mostre amável.

738 Que alma tão estreita a dos que guardam zelosamente a sua "lista de agravos"!... Com esses infelizes, é impossível conviver.

A verdadeira caridade, assim como não contabiliza os "constantes e necessários" serviços que presta, também não anota – «omnia suffert», tudo suporta – as desfeitas que padece.

739 Cumpres um plano de vida exigente: madrugas, fazes oração, frequentas os Sacramentos, trabalhas ou estudas muito, és sóbrio, mortificas--te..., mas notas que te falta alguma coisa!

Leva ao teu diálogo com Deus esta consideração: uma vez que a santidade – a luta por alcançá-la – é a plenitude da caridade, tens que revisar o teu amor a Deus e, por Ele, aos outros. Talvez descubras então, escondidos na tua alma, grandes defeitos, contra os quais nem sequer lutavas: não és bom filho, bom irmão, bom companheiro, bom amigo, bom colega; e, como amas desordenadamente a "tua santidade", és invejoso.

"Sacrificas-te" em muitos detalhes "pessoais": por isso estás apegado ao teu eu, à tua pessoa e, no fundo, não vives para Deus nem para os outros: só para ti.

740 Consideras-te amigo porque não dizes dele uma palavra má. – É verdade: mas também não vejo uma obra boa de exemplo, de serviço...

– Esses são os piores amigos.

741 Primeiro maltratas... E, antes de que alguém reaja, gritas: "Agora, caridade entre todos!"

– Se começasses por esta segunda parte, nunca chegarias à primeira.

742 Não sejas semeador de cizânia, como aquele de quem a sua própria mãe afirmava: "O senhor apresente-o aos seus amigos, que ele se

encarregará de que esses amigos briguem com o senhor".

743 Não me parece cristã a fraternidade de que faz alarde contigo aquele amigo que te alerta: "Disseram-me de ti esta ou aquela calúnia horrível; desconfia de alguém que deve ser da tua intimidade"...

Não me parece cristã, porque falta a esse "irmão" o nobre impulso de, primeiro, fazer calar o caluniador, e, depois, de comunicar-te lealmente o seu nome.

– Se não tem caráter para exigir de si próprio essa conduta, esse "irmão" faz-te correr o risco de ficares só na vida, impelindo-te a desconfiar de todos e a faltar à caridade com todos.

744 Não possuis nem um pingo de sentido sobrenatural e, nos outros, vês somente pessoas de melhor ou pior posição social. Das almas, não te lembras para nada, nem as serves. Por isso não és generoso..., e vives muito longe de Deus com a tua falsa piedade, ainda que rezes muito.

O Mestre falou bem claro: "Afastai-vos de

mim e ide para o fogo eterno, porque tive fome..., tive sede..., estava na prisão..., e não me atendestes".

745 Não é compatível amar a Deus com perfeição e deixar-se dominar pelo egoísmo – ou pela apatia – no relacionamento com o próximo.

746 A verdadeira amizade implica também um esforço cordial por compreender as convicções dos nossos amigos, mesmo que não cheguemos a compartilhá-las nem a aceitá-las.

747 Nunca permitas que cresça a erva ruim no caminho da amizade: sê leal.

748 Um propósito firme na amizade: que nos meus pensamentos, nas minhas palavras, nas minhas obras para com o próximo – seja ele quem for –, não me comporte como até agora; quer dizer, que nunca deixe de praticar a caridade, que jamais dê entrada na minha alma à indiferença.

749 A tua caridade deve adequar-se, ajustar-se, às necessidades dos outros...; não às tuas.

AMIZADE

750 Filhos de Deus! Eis uma condição que nos transforma em algo mais transcendente do que em pessoas que se suportam mutuamente. Escuta o Senhor: «Vos autem dixi amicos!» – somos seus amigos, que, como Ele, dão com muito gosto a vida pelos outros, nas horas heroicas e na convivência diária.

751 Como se pode pretender que os que não possuem a nossa fé venham para a Igreja Santa, se contemplam a deselegância com que se tratam mutuamente os que se dizem seguidores de Cristo?

752 A atração do teu trato amável deve expandir-se em quantidade e qualidade. Senão, o teu apostolado se extinguirá em cenáculos inertes e fechados.

753 Com a tua amizade e com a tua doutrina – corrijo-me: com a caridade e com a mensagem de Cristo –, animarás muitos não-católicos a colaborar a sério, para que façam o bem a todos os homens.

754 Tomei nota das palavras daquele operário que, depois de participar dessa reunião que promoveste, comentava entusiasmado: "Nunca tinha ouvido falar, como se faz aqui, de nobreza, de honradez, de amabilidade, de generosidade..." – E concluía admirado: "Em face do materialismo de esquerdas ou de direitas, isto é a verdadeira revolução!"

– Qualquer alma entende a fraternidade que Jesus Cristo instaurou: empenhemo-nos em não desvirtuar essa doutrina!

755 Às vezes, pretendes justificar-te, dizendo que és distraído, avoado; ou que, por caráter, és seco, fechadão. E acrescentas que, por isso, nem sequer conheces a fundo as pessoas com quem convives.

– Escuta: não é verdade que essa desculpa não te deixa tranquilo?

756 Aconselhei-te a pôr muito sentido sobrenatural em todos os detalhes da tua vida ordinária. E acrescentei imediatamente: a convivência oferece-te muitas ocasiões, ao longo do dia.

757 Viver a caridade significa respeitar a mentalidade dos outros, encher-se de alegria pelo seu modo de caminhar para Deus..., sem empenhar-se em que pensem como tu, em que se unam a ti.

— Ocorreu-me fazer-te esta consideração: esses caminhos, diferentes, são paralelos; seguindo o seu próprio, cada um chegará a Deus... Não te percas em comparações, nem em desejos de saber quem chega mais alto: isso não interessa, o que interessa é que todos alcancemos o fim.

758 Dizes que o outro está cheio de defeitos! Muito bem... Mas, além de que os perfeitos só se encontram no Céu, tu também arrastas os teus defeitos e, no entanto, suportam-te e, mais ainda, estimam-te: porque te querem com o amor que Jesus Cristo tinha pelos seus, que bem carregados andavam de misérias!
— Aprende!

759 Queixas-te de que essa pessoa não é compreensiva... — Eu tenho a certeza de que faz o possível para entender-te. Mas tu, quando é que te esforçarás um pouquinho por compreendê-la?

760 De acordo!, admito: essa pessoa portou-se mal; a sua conduta é reprovável e indigna; não demonstra categoria nenhuma. ▷

— Humanamente, merece todo o desprezo!, acrescentaste.

— Insisto: compreendo-te, mas não compartilho a tua última afirmação. Essa vida mesquinha é sagrada: Cristo morreu para redimi-la! Se Ele não a desprezou, como podes tu atrever-te a isso?

761 Se a tua amizade se rebaixa até se converter em cumplicidade com as misérias alheias, reduz-se a um triste compadrio, que não merece o mínimo apreço.

762 Verdadeiramente a vida – que já de per si é estreita e insegura – às vezes se torna difícil. – Mas isso contribuirá para te fazer mais sobrenatural, para te fazer ver a mão de Deus: e assim serás mais humano e compreensivo com os que te rodeiam.

763 A indulgência é proporcional à autoridade. Um simples juiz tem de condenar – talvez reconhecendo as atenuantes – o réu convicto e confesso. O poder soberano de um país, algumas vezes, concede uma anistia ou um indulto. À alma contrita, Deus perdoa sempre.

AMIZADE

764 "Através de vocês, eu vi a Deus, que esquecia as minhas loucuras e as minhas ofensas, e me acolhia com carinho de Pai". Isto escreveu aos seus, contrito, de regresso à casa paterna, um filho pródigo do século XX.

765 Custou-te muito ir afastando e esquecendo as tuas preocupaçõezinhas, os teus sonhos pessoais: pobres e poucos, mas enraizados. – Em troca, agora estás bem seguro de que o teu sonho e a tua ocupação são os teus irmãos, e somente eles, porque no próximo aprendeste a descobrir Jesus Cristo.

766 O "cem por um"... Como te lembravas, faz uns dias, dessa promessa do Senhor!
 – Na fraternidade que se vive entre os teus companheiros de apostolado – garanto-te –, encontrarás esse cem por um.

767 Quantos temores e quantos perigos pode dissipar o amor verdadeiro entre os irmãos, que não se autonomeia – porque então é como se se profanasse –, mas que resplandece em cada detalhe!

768 Recorre em confidência segura, todos os dias, à Virgem Santíssima. A tua alma e a tua vida sairão reconfortadas. — Ela te fará participar dos tesouros que guarda em seu coração, pois "nunca se ouviu dizer que algum daqueles que tivesse recorrido à sua proteção fosse desamparado".

VONTADE

769 Para avançar na vida interior e no apostolado, o que é necessário não é a devoção sensível, mas a disposição decidida e generosa da vontade, em face das instâncias divinas.

770 Sem o Senhor, não poderás dar um passo seguro. – Esta certeza de que precisas da sua ajuda te levará a unir-te mais a Ele, com uma confiança firme, perseverante, ungida de alegria e de paz, ainda que o caminho se torne áspero e íngreme.

771 Repara na grande diferença que há entre o modo de agir natural e o sobrenatural. O primeiro começa bem, para depois acabar afrouxando. O segundo começa igualmente bem...,

mas depois esforça-se por prosseguir ainda melhor.

772 Não é mau comportar-se bem por razões humanas nobres. – Mas... que diferença quando "mandam" as sobrenaturais!

773 Ao contemplar essa alegria perante o trabalho duro, aquele amigo perguntou: – Mas, fazem-se todas estas coisas por entusiasmo? – E responderam-lhe com alegria e com serenidade: "Por entusiasmo?... Teríamos feito um papelão!" «Per Dominum Nostrum Iesum Christum!» – por Nosso Senhor Jesus Cristo!, que nos espera continuamente.

774 O mundo está precisando que despertemos os sonolentos, que animemos os tímidos, que guiemos os desorientados; numa palavra, que os enquadremos nas fileiras de Cristo, para que não se joguem fora tantas energias.

775 Talvez também te aproveite a ti aquele expediente sobrenatural – delicadeza de amor voluntário – que repetia a si mesma uma alma muito de Deus, perante as diversas exigências:

"Já é hora de que te decidas, de verdade, a fazer alguma coisa que valha a pena".

776 Que perfeição cristã pretendes alcançar, se fazes sempre o teu capricho, "o que gostas"...? Todos os teus defeitos, não combatidos, darão um lógico fruto constante de más obras. E a tua vontade – que não estará temperada numa luta perseverante – não te servirá de nada, quando chegar uma ocasião difícil.

777 A fachada é de energia e rijeza. Mas, quanta moleza e falta de vontade por dentro!

– Fomenta a decisão de que as tuas virtudes não se transformem num disfarce, mas em hábitos que definam o teu caráter.

778 "Conheço algumas e alguns que não têm forças nem para pedir socorro", dizes-me desgostoso e cheio de pena. – Não passes ao largo; a tua vontade de salvar-te e de salvá-los pode ser o ponto de partida da sua conversão. Além disso, se refletires bem, perceberás que também a ti te estenderam a mão.

779 Os molengões, os que se queixam de mil e uma ninharias ridículas, são os que não sabem sacrificar-se nessas minúcias diárias por Jesus..., e menos ainda pelos outros.

Que vergonha se o teu comportamento – tão duro, tão exigente com os outros! – padece dessa moleza nos teus afazeres quotidianos!

780 Sofres muito porque vês que não estás à altura. Quererias fazer mais e com maior eficácia, mas atuas com frequência de um modo totalmente precipitado, ou não te atreves.

«Contra spem, in spem!» – vive de esperança segura, contra toda a esperança. Apoia-te nessa rocha firme que te salvará e empurrará. É uma virtude teologal – esplêndida! –, que te animará a ir para a frente, sem receio de passar da risca, e te impedirá de parar.

– Não me olhes desse jeito! Sim! Cultivar a esperança significa robustecer a vontade.

781 Quando a tua vontade fraquejar diante do trabalho habitual, lembra-te uma vez mais daquela consideração: "O estudo, o trabalho, é parte essencial do meu caminho. O descrédito profissional – consequência da preguiça – anularia ou tornaria impossíveis as minhas tarefas de cristão. Necessito – assim Deus o quer – do ascendente do prestígio profissional, para atrair e ajudar os outros".

– Não duvides: se abandonas o teu trabalho, afastas-te – e afastas outros – dos planos divinos!

782 Assustava-te o caminho dos filhos de Deus porque, em nome do Senhor, te instavam a cumprir o teu dever, a negar-te a ti mesmo, a sair da tua torre de marfim. Deste uma desculpa..., e confesso-te que não me admira nada essa carga que te pesa: um conjunto de complexos e tortuosidades, de melindres e escrúpulos, que te deixa inútil.

Não te zangues se te digo que te portaste com menos inteireza – como se fosses pior ou inferior – do que a gente depravada, audaz pregoeira do mal.

«Surge et ambula!» – levanta-te e caminha, decide-te! Ainda podes libertar-te desse fardo nefasto se, com a graça de Deus, ouves o que Ele te pede e, sobretudo, se O secundas plenamente e de bom grado!

783 É bom que essas impaciências te comam a alma. – Mas não te afobes. Deus quer e conta com a tua decisão de te preparares seriamente, durante os anos ou meses necessários. – Não faltava razão àquele imperador: "O tempo e eu contra outros dois".

784 Assim resumia o ciúme ou a inveja um homem reto: "Devem ter muito má vontade, para turvarem uma água tão clara".

785 Perguntas se deves manter-te silencioso e inativo... – Perante a agressão injusta à lei justa, não!

786 Cada dia vais "enlouquecendo" mais... – Nota-se nessa segurança e nesse aprumo formidável que te dá saber que trabalhas por Cristo.

– Já o proclamou a Escritura Santa: «Vir fidelis, multum laudabitur» – o varão fiel merece louvores de todos.

787 Nunca te havias sentido mais absolutamente livre do que agora, que a tua liberdade está tecida de amor e de desprendimento, de segurança e de insegurança: porque nada fias de ti mesmo e tudo de Deus.

788 Viste como se represam as águas nos açudes, para os tempos de seca?... Do mesmo modo, para conseguires essa igualdade de caráter de que necessitas no tempo de dificuldade, tens de represar a alegria, as razões claras e as luzes que o Senhor te manda.

789 Quando se extinguem as labaredas do primeiro entusiasmo, avançar às escuras torna-se penoso. – Mas esse progresso, que custa, é o mais firme. E depois, quando menos esperares, cessará a escuridão e voltarão o entusiasmo e o fogo. – Persevera!

790 Deus quer os seus filhos como forças de ataque. – Não podemos ficar na expectativa: o que nos distingue é lutar, onde quer que nos encontremos, como um exército em ordem de batalha.

791 Não se trata de que cumpras as tuas obrigações apressadamente, mas de que as leves a termo sem pausa, ao passo de Deus.

792 Não te falta o trato agradável de conversador inteligente... Mas também és muito apático. – "Se não me procuram...", desculpas-te.
– Se não mudas – esclareço – e não vais ao

encontro dos que te esperam, nunca poderás ser um apóstolo eficaz.

793 Três pontos importantíssimos para arrastar as almas para o Senhor: que te esqueças de ti, e penses somente na glória de teu Pai-Deus; que submetas filialmente a tua vontade à Vontade do Céu, como Jesus Cristo te ensinou; que secundes docilmente as luzes do Espírito Santo.

794 Durante três dias e três noites Maria procura o Filho que se perdeu. Oxalá possamos tu e eu dizer que a nossa vontade de encontrar Jesus também não conhece descanso.

CORAÇÃO

795 O que é preciso para conseguir a felicidade não é uma vida cômoda, mas um coração enamorado.

796 Depois de vinte séculos, temos de apregoar com plena segurança que o espírito de Cristo não perdeu a sua força redentora, a única que sacia os anelos do coração humano. – Começa por meter essa verdade no teu, que estará em perpétua inquietação – como escreveu Santo Agostinho – enquanto não o puseres inteiramente em Deus.

797 Amar é... não albergar senão um único pensamento, viver para a pessoa amada, não se pertencer, estar submetido venturosa e livremente, com a alma e o coração, a uma vontade alheia... e ao mesmo tempo própria.

798 Ainda não amas o Senhor como o avarento as suas riquezas, como uma mãe o seu filho...; ainda te preocupas demasiado contigo mesmo e com as tuas ninharias! Não obstante, notas que Jesus já se tornou indispensável na tua vida...

— Pois bem, logo que corresponderes por completo à sua chamada, Ele te será indispensável também em cada um dos teus atos.

799 Grita-Lhe com força, porque esse grito é loucura de apaixonado!: — Senhor, embora eu te ame..., não te fies de mim! Ata-me a Ti, cada dia mais!

800 Não duvides: o coração foi criado para amar. Metamos, pois, Nosso Senhor Jesus Cristo em todos os nossos amores. Caso contrário, o coração vazio se vinga, e se enche das baixezas mais desprezíveis.

801 Não existe coração mais humano que o de uma criatura que transborda de sentido sobrenatural. Pensa em Santa Maria, a cheia de graça, Filha de Deus Pai, Mãe de Deus Filho, Esposa de Deus Espírito Santo: no seu Coração, cabe a humanidade inteira sem diferenças nem discriminações. – Cada um é seu filho, sua filha.

802   As pessoas, quando têm o coração muito pequeno, parece que guardam os seus anseios numa gaveta pobre e fora de mão.

803   Nas relações com os que te cercam, tens de conduzir-te cada dia com muita compreensão, com muito carinho, juntamente – é claro – com toda a energia necessária: de outro modo, a compreensão e o carinho se convertem em cumplicidade e egoísmo.

804   Dizia – sem humildade de fachada – aquele nosso amigo: "Não precisei aprender a perdoar, porque o Senhor me ensinou a amar".

805   Perdoar. Perdoar com toda a alma e sem resquício de rancor! Atitude sempre grande e fecunda.

– Esse foi o gesto de Cristo ao ser pregado na Cruz: "Pai, perdoa-os, porque não sabem o que fazem". E daí vieram a tua salvação e a minha.

806 Causou-te uma grande pena o comentário bem pouco cristão daquela pessoa: "Perdoa os teus inimigos – dizia-te –; não imaginas como isso os deixa furiosos!"

— Não te pudeste conter, e replicaste com paz: "Não quero abaratar o amor com a humilhação do próximo. Perdoo, porque amo, com fome de imitar o Mestre".

807 Evita com delicadeza tudo o que possa ferir o coração dos outros.

808 Por que motivo, entre dez maneiras de dizer "não", hás de escolher sempre a mais antipática? – A virtude não deseja ferir.

809 Olha: temos que amar a Deus não somente com o nosso coração, mas com o "dEle", e com o de toda a humanidade de todos os tempos...: senão, ficaremos aquém na correspondência ao seu Amor.

810 Dói-me que aqueles que se entregaram a Deus apresentem a imagem ou deem pé para que os tomem por solteirões: se têm o Amor por excelência! – Serão solteirões se não souberem amar Aquele que tanto ama.

811 Alguém comparou o coração a um moinho, que se move pelo vento do amor, da paixão...

Efetivamente, esse "moinho" pode moer trigo, cevada, esterco... – Depende de nós!

812 O demônio – pai da mentira e vítima da sua soberba – tenta arremedar o Senhor até no modo de fazer prosélitos. Reparaste? Assim como Deus se vale dos homens para salvar almas e levá-las à santidade, satanás serve-se de outras pessoas para dificultar esse trabalho e até para as perder. E – não te assustes –, da mesma maneira que Jesus busca, como instrumentos, os mais próximos – parentes, amigos, colegas, etc. –, o demônio também procura, com frequência, influir nesses seres mais queridos, para induzir ao mal.

Por isso, se os laços do sangue se convertem em amarras, que te impedem de seguir os caminhos de Deus, corta-os com decisão. E talvez a tua determinação desamarre também os que estavam enredados nas malhas de Lúcifer.

813 Obrigado, meu Jesus!, porque quiseste fazer-te perfeito Homem, com um Coração amante e amabilíssimo, que ama até à morte e sofre; que se enche de júbilo e de dor; que se entusiasma com os caminhos dos homens e nos mostra aquele que conduz ao Céu; que se submete heroicamente ao dever e se guia pela misericórdia; que vela pelos pobres e pelos ricos; que cuida dos pecadores e dos justos...

— Obrigado, meu Jesus, e dá-nos um coração à medida do Teu!

814 Pede a Jesus que te conceda um Amor qual fogueira de purificação, onde a tua pobre carne — o teu pobre coração — se consuma, limpando-se de todas as misérias terrenas... E, vazio de ti mesmo, se cumule dEle. Pede-Lhe que te conceda uma aversão radical ao que é mundano: que só o Amor te sustenha.

815 Viste com muita clareza a tua vocação — amar a Deus —, mas só com a cabeça. Garantes-me que puseste o coração no teu caminho..., mas às vezes te distrais e até tentas voltar o olhar para trás: sinal de que não o puseste por inteiro. — Afina!

816 "Eu vim — assim se exprime o Mestre — separar o homem de seu pai, a filha de sua mãe e a nora de sua sogra..." Cumprindo o que Ele te exige, demonstrarás que os amas verdadeiramente. Por isso, não te escudes no carinho que lhes tens – deve ser total –, à hora do teu sacrifício pessoal. Senão, acredita-me, antepões ao amor de Deus o de teus pais; e ao de teus pais, o teu amor por ti mesmo.

– Entendeste agora, com mais profundidade, a congruência das palavras evangélicas?

817 O coração! De vez em quando, sem o poderes evitar, projeta-se uma sombra de luz humana, uma recordação feia, triste, "provinciana"...

– Corre logo ao Sacrário, física ou espiritualmente: e tornarás à luz, à alegria, à Vida.

818 A frequência com que visitamos o Senhor está em função de dois fatores: fé e coração; ver a verdade e amá-la.

819 O Amor se robustece também com negação e mortificação.

820 Se tivesses um coração grande e um pouco mais de sinceridade, não te deterias a mortificar os outros, nem te sentirias mortificado... por minuciazinhas.

821 Se te zangas – em certas ocasiões, é um dever; em outras, uma fraqueza –, que a zanga dure somente uns minutos. E, além disso, sempre com caridade: carinho!

822 Repreender?... Muitas vezes, é necessário. Mas ensinando a corrigir o defeito. Nunca por um desabafo do teu mau caráter.

823 Quando é preciso corrigir, deve-se atuar com clareza e amabilidade; sem excluir um sorriso nos lábios, se for oportuno. Nunca – ou muito raras vezes – aos berros.

824 Sentes-te depositário do bem e da verdade absoluta e, portanto, investido de um título pessoal ou de um direito a desarraigar o mal a todo o custo?
— Por esse caminho não consertarás nada: só por Amor e com amor!, lembrando-te de que o Amor te perdoou e te perdoa tanto.

825 Ama os bons, porque amam a Cristo... – E ama também os que não O amam, porque têm essa desgraça..., e especialmente porque Ele ama uns e outros.

826 A gente daquela terra – tão afastada de Deus, tão desorientada – recordou-te as palavras do Mestre: "Andam como ovelhas sem pastor".

– E sentiste que tu também ficavas com as entranhas cheias de compaixão... Decide-te, do lugar que ocupas, a dar a vida em holocausto por todos.

827 Os pobres – dizia aquele amigo nosso – são o meu melhor livro espiritual e o principal motivo das minhas orações. Doem-me eles, e Cristo me dói com eles. E, porque me dói, compreendo que O amo e que os amo.

828 Quando se coloca o amor de Deus no meio da amizade, este afeto se depura, se engrandece, se espiritualiza; porque se queimam as escórias, os pontos de vista egoístas, as considerações excessivamente carnais. Não o esqueças: o amor de Deus ordena melhor os nossos afetos, torna-os mais puros, sem os diminuir.

829 Esta situação abrasa-te: Cristo aproximou-se de ti quando não passavas de um miserável leproso! Até esse momento, só cultivavas uma qualidade boa: um generoso interesse pelos outros. Depois desse encontro, alcançaste a graça de ver Jesus neles, e te enamoraste dEle, e agora O amas neles..., e parece-te muito pobre – tens razão! – o altruísmo que antes te impelia a prestar uns serviços ao próximo.

830 Acostuma-te a pôr o teu pobre coração no Doce e Imaculado Coração de Maria, para que o purifique de tanta escória, e te leve ao Coração Sacratíssimo e Misericordioso de Jesus.

PUREZA

831 A castidade – a de cada um no seu estado: solteiro, casado, viúvo, sacerdote – é uma triunfante afirmação do amor.

832 O "milagre" da pureza tem como pontos de apoio a oração e a mortificação.

833 A tentação contra a castidade mostra-se tanto mais perigosa quanto mais dissimulada: apresentando-se insidiosamente, engana melhor.
— Não transijas, nem sequer com a desculpa de não "parecer estranho"!

834 A santa pureza: humildade da carne! Senhor – pedias-Lhe –, sete chaves para o meu coração. E aconselhei-te a pedir-Lhe sete chaves para o teu coração e, também, oitenta anos de gravidade para a tua juventude...

Além disso, vigia..., porque mais depressa se apaga uma fagulha do que um incêndio; foge..., porque neste caso é uma vil covardia ser "valente"; não andes com os olhos esparramados..., porque isso não indica ânimo desperto, mas insídia de satanás.

Mas toda essa diligência humana, junto com a mortificação, o cilício, a disciplina e o jejum, que pouco valem sem Ti, meu Deus!

835 Assim matou aquele confessor a concupiscência de uma alma delicada, que se acusou de certas curiosidades: – "Ora! Instintos de machos e de fêmeas!"

836 Tão logo se admite voluntariamente esse diálogo, a tentação tira a paz da alma, do mesmo modo que a impureza consentida destrói a graça.

837 Seguiu o caminho da impureza com todo o seu corpo... e com toda a sua alma. – A sua fé foi-se esfumando..., embora saiba muito bem que não é problema de fé.

838 "O senhor disse-me que, com o meu passado, se pode chegar a ser «outro» Santo Agostinho. Não duvido, e hoje mais do que ontem quero esforçar-me por demonstrá-lo".

Mas tens de cortar valentemente e pela raiz, como o santo bispo de Hipona.

839 Sim, pede perdão, contrito, e faz abundante penitência pelos acontecimentos impuros da tua vida passada — mas não queiras recordá-los.

840 Essa conversa... suja, de cloaca!
— Não basta que não a secundes: manifesta energicamente a tua repugnância!

841 É como se o "espírito" se fosse reduzindo, minguando, até ficar num pontinho... E o corpo aumenta, agiganta-se, até dominar. — Foi para ti que São Paulo escreveu: "Castigo o meu corpo e o reduzo à escravidão, não seja que, tendo pregado aos outros, venha eu a ser reprovado".

842 Que pena dão os que afirmam — pela sua triste experiência pessoal — que não se pode ser casto vivendo e trabalhando no meio do mundo!

– Com esse raciocínio ilógico, não deveriam levar a mal se alguém ofende a memória de seus pais, de seus irmãos, da sua mulher, do seu marido.

843 Aquele confessor, um pouco rude, mas experiente, conteve os desvarios de uma alma e os reduziu à ordem com esta afirmação: "Andas agora por caminhos de vacas; depois conformar-te-ás com ir pelos das cabras; e depois..., sempre como um animal, que não sabe olhar para o céu".

844 Talvez sejas... isso mesmo, o que és: um animalzinho. – Mas tens de reconhecer que outros são íntegros e castos. Ah!, e não te irrites depois, quando não contarem contigo ou quando te ignorarem: eles e elas organizam os seus planos humanos com pessoas que têm alma e corpo..., não com animais.

845 Há quem traga filhos ao mundo para a sua empresa, para o seu serviço, para o seu egoísmo... E não se lembram de que são um dom maravilhoso do Senhor, do qual terão que prestar contas especialíssimas.

Trazer filhos ao mundo só para continuar a espécie, também o sabem fazer – não te zangues comigo – os animais.

846 Um casal cristão não pode desejar cegar as fontes da vida. Porque o seu amor tem por base o Amor de Cristo, que é entrega e sacrifício... Além disso, como Tobias recordava a Sara, os esposos sabem que "nós somos filhos de santos, e não podemos juntar-nos à maneira dos gentios, que não conhecem a Deus".

847 Quando éramos pequenos, procurávamos grudar-nos à nossa mãe, ao passar por caminhos escuros ou por onde havia cachorros.

Agora, ao sentirmos as tentações da carne, devemos chegar-nos estreitamente à nossa Mãe do Céu, tomando consciência da sua presença bem próxima e servindo-nos das jaculatórias.

– Ela nos defenderá e nos levará à luz.

848 Não são mais homens, nem são mais mulheres, por levarem essa vida desordenada.

Vê-se que os que raciocinam desse modo colocam o seu ideal de pessoa nas meretrizes, nos invertidos, nos degenerados..., naqueles que têm o coração podre e não poderão entrar no Reino dos Céus.

849 Permite-me um conselho, para que o ponhas em prática diariamente. Quando o coração te fizer notar as suas baixas tendências, reza devagar à Virgem Imaculada: Olha-me com compaixão, não me deixes, minha Mãe! – E aconselha-o assim a outros.

PAZ

850 Fomenta, na tua alma e no teu coração – na tua inteligência e no teu querer –, o espírito de confiança e de abandono na amorosa Vontade do Pai celestial... – Daí nasce a paz interior pela qual anseias.

851 Como hás de ter paz, se te deixas arrastar – contrariando os "puxões" da graça – por essas paixões que nem sequer tentas dominar?

O céu empurra para cima; tu – somente tu: não procures desculpas! –, para baixo... – E desse modo te despedaças.

852 Tanto a paz como a guerra estão dentro de nós. – Não se pode chegar ao triunfo, à paz, se faltam a lealdade e a decisão de vencer no combate.

853 Um remédio contra essas tuas inquietações: ter paciência, retidão de intenção, e olhar as coisas com perspectiva sobrenatural.

854 Afasta logo de ti – se Deus está contigo! – o temor e a perturbação de espírito... Evita pela raiz essas reações, pois só servem para multiplicar as tentações e aumentar o perigo.

855 Ainda que tudo se afunde e se acabe, ainda que os acontecimentos transcorram ao contrário do previsto, e nos sejam tremendamente adversos, nada ganhamos perturbando-nos. Além disso, lembra-te da oração confiante do profeta: "O Senhor é o nosso Juiz, o Senhor é o nosso Legislador, o Senhor é o nosso Rei; é Ele quem nos há de salvar".

— Reza-a devotamente, todos os dias, para ajustares a tua conduta aos desígnios da Providência, que nos governa para nosso bem.

856 Se – por teres o olhar cravado em Deus – sabes manter-te sereno ante as preocupações, se aprendes a esquecer as ninharias, os rancores e as invejas, evitarás a perda de muitas energias, que te fazem falta para trabalhar com eficácia, a serviço dos homens.

857 Aquele amigo confiava-nos sinceramente que nunca se tinha entediado, porque nunca se tinha encontrado só, sem o nosso Amigo.

– Caía a tarde, num silêncio denso... Notaste muito viva a presença de Deus... E, com essa realidade, que paz!

858 Uma saudação vibrante de um irmão recordou-te, naquele ambiente de viagem, que os caminhos honestos do mundo estão abertos para Cristo: falta apenas que nos lancemos a percorrê-los, com espírito de conquista.

Sim, Deus criou o mundo para os seus filhos, para que o habitassem e santificassem: por que esperas?

859 És extraordinariamente feliz. Às vezes, quando percebes que um filho de Deus O abandona, sentes – no meio da tua paz e da tua alegria íntimas – uma dor de carinho, uma amargura, que nem perturba nem inquieta.

– Muito bem, mas... toca a empregar todos os meios humanos e sobrenaturais para que essa pessoa reaja..., e a confiar com segurança em Jesus Cristo! Assim, as águas voltam sempre ao seu leito.

860 Quando te abandonares de verdade no Senhor, aprenderás a contentar-te com o que vier, e a não perder a serenidade, se as tarefas – apesar de teres posto todo o teu empenho e utilizado os meios oportunos – não correm a teu gosto... Porque terão "corrido" como convém a Deus que corram.

861 Continuas a ter distrações e faltas, e doem-te! Ao mesmo tempo, caminhas com uma alegria que parece que te vai fazer explodir.

Por isso, porque te doem – dor de amor –, os teus malogros já não te tiram a paz.

862 Quando estamos às escuras, com a alma cega e inquieta, temos de recorrer, como Bartimeu, à Luz. Repete, grita, insiste com mais força: «Domine, ut videam!» – Senhor, que eu veja!... E far-se-á dia para os teus olhos, e poderás alegrar-te com a luz que Ele te concederá.

863 Luta contra as asperezas do teu caráter, contra os teus egoísmos, contra o teu comodismo, contra as tuas antipatias... Além de que temos de ser corredentores, o prêmio que receberás – pensa bem nisto – estará em proporção diretíssima com a semeadura que tiveres feito.

864 Tarefa do cristão: afogar o mal em abundância de bem. Não se trata de fazer campanhas negativas, nem de ser anti-nada. Pelo contrário: viver de afirmação, cheios de otimismo, com juventude, alegria e paz; ver com compreensão a todos: os que seguem Cristo e os que O abandonam ou não O conhecem.

– Porém, compreensão não significa abstencionismo nem indiferença, mas atividade.

865 Por caridade cristã e por elegância humana, deves esforçar-te por não criar um abismo com ninguém..., por deixar sempre uma saída ao próximo, para que não se afaste ainda mais da Verdade.

866 A violência não é um bom sistema para convencer..., e muito menos no apostolado.

867 O violento perde sempre, mesmo que ganhe a primeira batalha..., porque acaba rodeado da solidão criada pela sua incompreensão.

868 A tática do tirano é conseguir que briguem entre si aqueles que, unidos, poderiam fazê-lo cair. – Velha artimanha usada pelo inimigo – pelo diabo e pelos seus corifeus –, para desbaratar muitos planos apostólicos.

869 Esses..., que veem adversários onde só há irmãos, negam com as obras a sua profissão de cristãos.

870 Com a polêmica agressiva, que humilha, raramente se resolve uma questão. E, sem dúvida, nunca se consegue esclarecimento algum quando, entre os que disputam, há um fanático.

871 Não compreendo o teu aborrecimento nem o teu desencanto. Corresponderam-te com a tua mesma moeda: o deleite nas injúrias, através da palavra e das obras.

Aproveita a lição e, de agora em diante, não esqueças que também têm coração os que convivem contigo.

872 Para que não perdesses a paz, naqueles tempos de dura e injusta contradição, recordei-te: "Se nos abrirem a cabeça, não daremos a isso maior importância: será porque temos de levá-la aberta".

873 Paradoxo: desde que me decidi a seguir o conselho do Salmo: "Lança sobre o Senhor as tuas preocupações, e Ele te sustentará", cada dia tenho menos preocupações na cabeça... E, ao mesmo tempo, com o trabalho oportuno, tudo se resolve com maior clareza!

874 Santa Maria é – assim a invoca a Igreja – a Rainha da paz. Por isso, quando se conturba a tua alma, ou o ambiente familiar ou profissional, ou a convivência na sociedade ou entre os povos, não cesses de aclamá-la com esse título: «Regina pacis, ora pro nobis!» – Rainha da paz, rogai por nós! Experimentaste fazê-lo, ao menos, quando perdes a tranquilidade?... – Ficarás surpreso com a sua imediata eficácia.

O ALÉM

875 O verdadeiro cristão está sempre disposto a comparecer diante de Deus. Porque, em cada instante – se luta por viver como homem de Cristo –, encontra-se preparado para cumprir o seu dever.

876 Em face da morte, sereno! – É assim que te quero. – Não com o estoicismo frio do pagão; mas com o fervor do filho de Deus, que sabe que a vida é transformada, não tirada. – Morrer?... Viver!

877 Doutor em Direito e em Filosofia, preparava um concurso para professor catedrático na Universidade de Madri. Duas carreiras brilhantes, brilhantemente concluídas.

Mandou-me avisar: estava doente, e desejava que eu fosse visitá-lo. Cheguei à pensão onde estava hospedado. – "Padre, estou morrendo", foi a saudação. Animei-o, com carinho. Quis fazer uma confissão geral. Naquela noite, faleceu.

Um arquiteto e um médico me ajudaram a amortalhá-lo. – E, à vista daquele corpo jovem, que rapidamente começou a decompor-se..., estivemos de acordo os três em que as duas carreiras universitárias não valiam nada, comparadas com a carreira definitiva que, como bom cristão, acabava de coroar.

878 Tudo se conserta, menos a morte... E a morte conserta tudo.

879 A morte chegará inexoravelmente. Portanto, que oca vaidade centrar a existência nesta vida! Olha como padecem tantas e tantos. A uns, porque ela se acaba, dói-lhes deixá-la; a outros, porque dura, enfastia-os... Em caso algum tem cabimento a atitude errada de justificarmos a nossa passagem pela terra como um fim.

É preciso sair dessa lógica, e ancorar-se na outra: na eterna. É necessária uma mudança total: um esvaziar-se de si mesmo, dos motivos egocêntricos, que são caducos, para renascer em Cristo, que é eterno.

880 Quando pensares na morte, apesar dos teus pecados, não tenhas medo... Porque Ele já sabe que O amas..., e de que massa estás feito.

– Se tu O procurares, acolher-te-á como o pai ao filho pródigo: mas tens de procurá-Lo!

881 «Non habemus hic manentem civitatem» – não se encontra nesta terra a nossa morada definitiva. – E, para que não o esqueçamos, às vezes essa verdade surge com crueza à hora da morte: incompreensão, perseguição, desprezo... – E sempre a solidão, porque – mesmo que estejamos rodeados de carinho – cada um morre sozinho.

– Soltemos desde já todas as amarras! Preparemo-nos continuamente para esse passo, que nos levará à presença eterna da Trindade Santíssima.

882 O tempo é o nosso tesouro, o "dinheiro" para comprarmos a eternidade.

883 Consolou-te a ideia de que a vida é um gastar-se, um queimá-la no serviço de Deus. – Assim, gastando-nos integralmente por Ele, virá a libertação da morte, que nos trará a posse da Vida.

884 Aquele sacerdote amigo trabalhava pensando em Deus, agarrado à sua mão paterna, e ajudando os outros a assimilar estas ideias-mestras. Por isso, dizia para si mesmo: – Quando morreres, tudo continuará a andar bem, porque continuará Ele a ocupar-se de tudo.

885 Não faças da morte uma tragédia!, porque não o é. Só aos filhos desamorados é que não entusiasma o encontro com os seus pais.

886 Todas as coisas daqui de baixo são um punhado de cinzas. Pensa nos milhões de pessoas – já defuntas –, "importantes" e "recentes", de quem já ninguém se lembra.

887 Esta foi a grande revolução cristã: converter a dor em sofrimento fecundo; fazer, de um mal, um bem. Despojamos o diabo dessa arma...; e, com ela, conquistamos a eternidade.

888 O juízo revelar-se-á terrível para aqueles que, conhecendo perfeitamente o caminho, e tendo-o ensinado e exigido aos outros, não o tiverem percorrido eles mesmos.

– Deus os julgará e os condenará com as suas próprias palavras.

889 O purgatório é uma misericórdia de Deus, para limpar os defeitos dos que desejam identificar-se com Ele.

890 Somente o inferno é castigo do pecado. A morte e o juízo não passam de consequências, que aqueles que vivem na graça de Deus não temem.

891 Se alguma vez te intranquilizas com o pensamento da nossa irmã, a morte – porque te vês tão pouca coisa! –, anima-te e considera: que será esse Céu que nos espera, quando toda a formosura e grandeza, toda a felicidade e o Amor infinitos de Deus se derramarem no pobre vaso de barro que é a criatura humana, e a saciarem eternamente, sempre com a novidade de uma ventura nova?

892 Quando se choca com a amarga injustiça desta vida, como se alegra a alma reta ao pensar na Justiça eterna do seu Deus eterno!

– E, dentro do conhecimento das suas próprias misérias, escapa-lhe, com desejos eficazes, aquela exclamação paulina: «Non vivo ego» – não sou eu quem vive agora!, é Cristo quem vive em mim!: e viverá eternamente.

893 Como se deve morrer contente, quando se viveram heroicamente todos os minutos da vida! – Posso garantir-te isto, porque presenciei a alegria daqueles que, com serena impaciência, durante muitos anos, se prepararam para esse encontro.

894 Pede que nenhum de nós falhe ao Senhor. – Não nos será difícil, se não formos tolos. Porque o nosso Pai-Deus ajuda em tudo: até mesmo tornando temporário este nosso desterro no mundo.

895 O pensamento da morte ajudar-te-á a cultivar a virtude da caridade, porque talvez esse instante concreto de convivência seja o último em que estás com este ou com aquele...: eles ou tu, ou eu, podemos faltar em qualquer momento.

896 Dizia uma alma ambiciosa de Deus: felizmente, nós, os homens, não somos eternos!

897 Fez-me meditar aquela notícia: cinquenta e um milhões de pessoas falecem por ano; noventa e sete por minuto. O pescador – assim disse o Mestre – lança as suas redes ao mar, o

Reino dos Céus é semelhante a uma rede de arrastão..., e de dentro dela serão escolhidos os bons; e os maus, os que não preencherem as condições, rejeitados para sempre! Cinquenta e um milhões morrem por ano, noventa e sete por minuto: dize-o também a outros.

898 A nossa Mãe subiu em corpo e alma aos Céus. Repete-lhe que, como filhos, não queremos separar-nos dEla... Ela te escutará!

A LÍNGUA

899 Dom de línguas, saber transmitir a ciência de Deus: recurso imprescindível para quem há de ser apóstolo. – Por isso, peço todos os dias a Deus Nosso Senhor que o conceda a cada uma e a cada um dos seus filhos.

900 Aprende a dizer "não", sem ferir desnecessariamente, sem lançar mão da recusa cortante, que rasga a caridade.
– Lembra-te de que estás sempre diante de Deus.

901 Aborrece-te que eu insista, sempre do mesmo modo, nas mesmas coisas essenciais? Que não tenha em conta essas correntes em voga? – Olha: sempre se definiu da mesma maneira, ao longo dos séculos, a linha reta, porque é a mais clara e breve. Outra definição seria mais obscura e complicada.

902 Acostuma-te a falar cordialmente de tudo e de todos; em particular, de todos os que trabalham a serviço de Deus.

E quando não for possível, cala-te! Também os comentários bruscos ou descuidados podem beirar a murmuração ou a difamação.

903 Dizia-te um rapagão que acabava de entregar-se mais intimamente a Deus: "Agora o que eu preciso é falar menos, visitar doentes e dormir no chão".

– Aplica a moral da história a ti mesmo.

904 Dos sacerdotes de Cristo não se deve falar senão para louvá-los!

– Desejo com toda a minha alma que os meus irmãos e eu o tenhamos muito em conta, para a nossa conduta diária.

905 A mentira tem muitas facetas: reticências, cochichos, murmuração... – Mas é sempre arma de covardes.

906 É absurdo que te deixes impressionar pela primeira ou pela última conversa!

Escuta com respeito, com interesse; dá crédito às pessoas..., mas peneira o teu juízo na presença de Deus.

907 Murmuram. E depois eles mesmos se encarregam de que alguém venha imediatamente contar-te o "diz-se"...

– Vilania? – Sem dúvida. Mas não percas a paz, já que as suas línguas não poderão fazer-te mal nenhum, se trabalhas com retidão... – Pensa: como são bobos, que pouco tato humano têm, que falta de lealdade para com os seus irmãos... e especialmente para com Deus!

E não me caias tu na murmuração, por um mal entendido direito de réplica. Se tens de falar, serve-te da correção fraterna, como aconselha o Evangelho.

908 Não te preocupes com essas contradições, com esses falatórios; trabalhamos sem dúvida numa tarefa divina, mas somos homens... E é lógico que, ao andar, levantemos o pó do caminho.

Isso que te incomoda, que te fere..., aproveita-o para a tua purificação e, se for preciso, para retificar.

909 Murmurar, dizem, é muito humano. – Repliquei: nós temos de viver à maneira divina.

A palavra malvada ou leviana de um só homem pode formar uma opinião, e até pôr de moda que se fale mal de alguém... Depois, essa murmuração sobe lá de baixo, chega às alturas, e talvez se condense em negras nuvens.

– Mas, quando o fustigado é uma alma de Deus, as nuvens se resolvem em chuva fecunda, aconteça o que acontecer; e o Senhor se encarrega de exaltá-lo naquilo mesmo em que pretendiam humilhá-lo ou difamá-lo.

910 Não querias acreditar, mas tiveste que render-te à evidência, bem à tua custa: aquelas afirmações que pronunciaste com simplicidade e com saudável senso católico, os inimigos da fé as retorceram com malícia.

É verdade, "temos de ser cândidos como as pombas..., e prudentes como as serpentes". Não fales a destempo nem fora de lugar.

911 Por não saberes – ou não quereres – imitar a conduta nobre daquele homem, a tua secreta inveja te leva a ridicularizá-lo.

912 A maledicência é filha da inveja; e a inveja, o refúgio dos infecundos.

Por isso, perante a esterilidade, examina o teu ponto de mira: se trabalhas e não te incomoda que os outros também trabalhem e consigam frutos, essa esterilidade é apenas aparente; farás a colheita a seu tempo.

913 Há alguns que, quando não fazem mal aos outros ou não os mortificam, parece que se consideram desocupados.

914 Às vezes, penso que os murmuradores são como pequenos endemoninhados... – Porque o demônio insinua-se sempre com o seu espírito maligno de crítica a Deus, ou aos seguidores de Deus.

915 "Asneiras!", comentas depreciativamente. – Mas conheces o assunto? Não? – Então, como é que falas daquilo que não sabes?

916 Responde a esse murmurador: – Fique descansado, vou contá-lo ou falar disso com o interessado.

917 Escreveu um autor contemporâneo: "O mexerico é sempre desumano; revela medíocre valia pessoal; é um sinal de falta de educação; demonstra ausência de finura de sentimentos. É indigno do cristão".

918 Evita sempre a queixa, a crítica, as murmurações... Evita à risca tudo o que possa introduzir discórdia entre irmãos.

919 Tu, que estás investido em muito alta autoridade, serias imprudente se interpretasses como sinal de aquiescência o silêncio dos que te escutam: pensa que não os deixas expor as suas sugestões, e que te sentes ofendido se chegam a fazê-las. – Tens de corrigir-te.

920 Esta há de ser a tua atitude perante a difamação. Primeiro, perdoar: a todos, desde o primeiro instante e de todo o coração. – Depois, amar: que não te escape nem uma falta de caridade; responde sempre com amor!

– Mas, se atacam a tua Mãe, a Igreja, defende-a valentemente; com calma, mas com firmeza e com inteireza cheia de energia, impede que manchem, ou que estorvem, o caminho por onde têm de avançar as almas que querem perdoar e responder com caridade, quando sofrem injúrias pessoais.

921 O vilarejo mais pequeno – comentava alguém, cansado de murmurações – deveria ter ambiente de capital.

– Não sabia, o coitado, que é a mesma coisa.

– Tu, por amor a Deus e ao próximo, não caias num defeito tão "provinciano"... e tão pouco cristão. – Dos primeiros seguidores de Cristo afirmava-se: Vede como se amam! Pode-se dizer o mesmo de ti, de mim, a qualquer hora?

922 As críticas contra as obras de apostolado costumam ser de dois gêneros: uns apresentam esse trabalho como uma estrutura complicadíssima; outros o tacham de tarefa cômoda e fácil.

No fundo, essa "objetividade" se reduz a estreiteza de vistas, com uma boa dose de vadiagem tagarela.

– Pergunta-lhes sem te zangares: E vocês, que fazem?

923 Para os imperativos da tua fé, talvez não possas pedir simpatia, mas tens de exigir respeito.

924 Os que te falaram mal desse amigo leal a Deus são os mesmos que irão murmurar de ti, quando te decidires a portar-te melhor.

925 Certos comentários só podem ferir os que se sentem atingidos. Por isso, quando se caminha – com a cabeça e o coração – seguindo os passos do Senhor, as críticas se acolhem como purificação e servem de acicate para acelerar o passo.

926 A Trindade Santíssima coroou a nossa Mãe.

– Deus Pai, Deus Filho, Deus Espírito Santo, pedir-nos-á contas de toda a palavra ociosa. Mais um motivo para que digamos a Santa Maria que nos ensine a falar sempre na presença do Senhor.

PROPAGANDA

927 Convence-te: o teu apostolado consiste em difundir bondade, luz, entusiasmo, generosidade, espírito de sacrifício, constância no trabalho, profundidade no estudo, magnanimidade na entrega, atualização, obediência absoluta e alegre à Igreja, caridade perfeita...
— Ninguém dá o que não tem.

928 Para ti, que és ainda jovem e acabas de empreender o caminho, este conselho: como Deus merece tudo, procura sobressair profissionalmente, para que possas depois propagar as tuas ideias com maior eficácia.

929 Não o esqueças: tanto melhor convencemos quanto mais convencidos estamos.

930 "Não se acende a luz para colocá-la debaixo de um alqueire, mas sobre um candeeiro, a fim de que alumie todos os da casa; assim brilhe a vossa luz diante dos homens, de maneira que vejam as vossas obras e glorifiquem o vosso Pai que está nos céus".

E, no final da sua passagem pela terra, Ele ordena: «Euntes docete» – ide e ensinai. Quer que a sua luz brilhe na conduta e na palavra dos seus discípulos – nas tuas também.

931 É chocante a frequência com que, em nome da liberdade!, tantos têm medo – e se opõem! – a que os católicos sejam simplesmente bons católicos.

932 Guarda-te dos propagadores de calúnias e insinuações, que uns acolhem por ligeireza e outros por má-fé, destruindo a serenidade do ambiente e envenenando a opinião pública.

Há ocasiões em que a verdadeira caridade pede que se denunciem esses atropelos e os seus promotores. Senão, com a consciência desviada ou pouco formada, eles e os que os ouvem podem pensar: calam, logo consentem.

933 Os sectários vociferam contra o que chamam "o nosso fanatismo", porque os séculos passam e a Fé católica permanece imutável.

Pelo contrário, o fanatismo dos sectários – por não ter nada a ver com a verdade – muda de vestimenta em cada época, levantando contra a Santa Igreja o espantalho de meras palavras, esvaziadas de conteúdo pelas suas obras: "liberdade", que acorrenta; "progresso", que devolve à selva; "ciência", que esconde ignorância... Sempre uma bandeira que encobre velha mercadoria estragada.

Oxalá se torne cada dia mais forte o "teu fanatismo" pela Fé, única defesa da única Verdade!

934 Não te assustes nem te espantes com a obtusidade de alguns. Nunca deixará de haver fátuos que esgrimam, com alardes de cultura, a arma da sua ignorância.

935 Que pena verificar como caminham unidos, por paixões diferentes – mas unidos contra os cristãos, filhos de Deus –, os que odeiam o Senhor e alguns que afirmam estar a seu serviço!

936 Em certos ambientes, sobretudo nos da esfera intelectual, percebe-se e apalpa-se uma espécie de palavra de ordem de seitas, servida às vezes até por católicos, que – com cínica perseverança – mantém e propaga a calúnia, para lançar sombras sobre a Igreja ou sobre pessoas e entidades, contra toda a verdade e toda a lógica.

Reza diariamente, com fé: «ut inimicos Sanctae Ecclesiae – inimigos porque são eles que se proclamam assim – humiliare digneris, te rogamus audi nos!» Confunde, Senhor, os que Te perseguem, com a claridade da tua luz, que estamos decididos a propagar.

937 Dizem que é velha essa ideia do catolicismo, e portanto inaceitável?... – Mais antigo é o sol, e não perdeu a sua luz; mais arcaica é a água, e ainda tira a sede e refresca.

938 Não se pode tolerar que ninguém, nem mesmo com um bom fim, falseie a história ou a vida. – Mas é um grande erro levantar um pedestal aos inimigos da Igreja, que consumiram os seus dias em persegui-la. Convence-te: não se falta à verdade histórica se um cristão não colabora na construção de um pedestal que não deve existir: desde quando o ódio pôde apresentar-se como modelo?

939 A propaganda cristã não necessita de provocar antagonismos, nem de maltratar os que não conhecem a nossa doutrina. Se se procede com caridade – «caritas omnia suffert!», o amor tudo suporta –, quem era contrário, decepcionado com o seu erro, pode acabar aderindo sincera e delicadamente. – Contudo, não tem cabimento fazer concessões no dogma, em nome de uma ingênua "amplidão de critério", porque quem agisse assim se exporia a ficar fora da Igreja; e, em vez de conseguir o bem para os outros, faria um mal a si mesmo.

940 O cristianismo é "insólito", não se acomoda às coisas deste mundo. E esse é talvez o seu "maior inconveniente", e a bandeira dos mundanos.

941 Alguns não sabem nada de Deus..., porque não lhes falaram em termos compreensíveis.

942 Aonde não chegar a tua inteligência, pede que chegue a tua santa esperteza, para servires mais e melhor a todos.

943 Acredita em mim: o apostolado, a catequese, de ordinário, tem de ser capilar: um a um. Cada homem de fé com o seu companheiro mais próximo.

Aos que somos filhos de Deus, importam-nos todas as almas, porque nos importa cada alma.

944 Ampara-te na Santíssima Virgem, Mãe do Bom Conselho, para que da tua boca jamais saiam ofensas a Deus.

RESPONSABILIDADE

945 Se nós, os cristãos, vivêssemos verdadeiramente de acordo com a nossa fé, produzir-se-ia a maior revolução de todos os tempos... A eficácia da corredenção depende também de cada um de nós! – Medita nisto.

946 Sentir-te-ás plenamente responsável quando compreenderes que, diante de Deus, só tens deveres. Corre por conta dEle conceder-te direitos!

947 Oxalá te habitues a ocupar-te diariamente dos outros, com tanta entrega que te esqueças de que existes!

948 Um pensamento que te ajudará nos momentos difíceis: quanto mais aumentar a minha fidelidade, tanto mais contribuirei para que os outros cresçam nesta virtude. – E é tão atraente sentirmo-nos sustentados uns pelos outros!

949 Não sejas "teórico": são as nossas vidas, em cada dia, que devem converter esses ideais grandiosos numa realidade quotidiana, heroica e fecunda.

950 De fato, o que é velho merece respeito e agradecimento. Aprender, sim. Ter em conta essas experiências, também. Mas não exageremos: cada coisa a seu tempo. Por acaso vestimos gibão e bombacha, ou cobrimos a nossa cabeça com uma peruca empoada?

951 Não te zangues: muitas vezes, um comportamento irresponsável denota, não tanto ausência de bom espírito, como falta de cabeça ou de formação.
Será necessário exigir aos mestres, aos diretores, que preencham essas lacunas com o seu cumprimento responsável do dever.
– Será necessário que te examines..., se és tu que ocupas um lugar desses.

952 Corres o grande perigo de conformar-te com viver – ou de pensar que deves viver – como um "bom menino", que mora numa casa ordenada, sem problemas, e que só conhece a felicidade.

Isso é uma caricatura do lar de Nazaré: Cristo, justamente porque trazia a felicidade e a ordem, saiu de lá para propagar esses tesouros entre os homens e mulheres de todos os tempos.

953 Acho muito lógicas as tuas ânsias de que a humanidade inteira conheça a Cristo. Mas começa com a responsabilidade de salvar as almas dos que convivem contigo, de santificar cada um dos teus colegas de trabalho ou de estudo... – Esta é a principal missão que o Senhor te confiou.

954 Comporta-te como se dependesse de ti, exclusivamente de ti, o ambiente do lugar onde trabalhas: ambiente de laboriosidade, de alegria, de presença de Deus e de sentido sobrenatural.

– Não compreendo a tua abulia. Se tropeças com um grupo de colegas um pouco difícil – que talvez tenha chegado a ser difícil pelo teu descaso –, logo te desinteressas deles, tiras o corpo, e pensas que são um peso morto, um lastro que se opõe às tuas aspirações apostólicas, que não te vão entender...

Como queres que te escutem se, além de querer-lhes bem e servi-los com a tua oração e mortificação, não lhes falas?...

– Quantas surpresas terás no dia em que te decidires a conversar com um, com outro, e outro! Além disso, se não mudas, poderão exclamar com razão, apontando-te com o dedo: «Hominem non habeo!» – não tenho quem me ajude!

955 Escuta-me: as coisas santas, quando se veem santamente, quando se vivem todos os dias santamente..., não se convertem em coisas "de todos os dias". Todo o trabalho de Cristo nesta terra foi humano, e divino!

956 Não te podes conformar com viver – dizes – como os outros, com uma fé acarneirada. – Efetivamente, deves ter fé pessoal: com senso de responsabilidade.

957 A Trindade Santíssima concede-te a sua graça, e espera que a aproveites responsavelmente: em face de tanto benefício, não se pode

andar com atitudes cômodas, lentas, preguiçosas..., porque, além disso, as almas te esperam.

958 Para ti, que estás com esse grande problema. – Se se equaciona bem o assunto, isto é, com um sentido sobrenatural sereno e responsável, sempre se encontra a solução.

959 Ao pegarem os seus filhos ao colo, as mães – as boas mães – procuram não trazer alfinetes que possam ferir essas criaturas... Ao tratarmos com as almas, temos que usar de toda a suavidade... e de toda a energia necessária.

960 «Custos, quid de nocte!» – Sentinela, alerta!

Tomara que tu também te acostumasses a ter, durante a semana, o teu dia de guarda: para te entregares mais, para viveres com mais amorosa vigilância cada detalhe, para fazeres um pouco mais de oração e de mortificação.

Olha que a Santa Igreja é como um grande exército em ordem de batalha. E tu, dentro desse exército, defendes uma "frente", onde há ataques e lutas e contra-ataques. Compreendes?

Essa disposição, ao aproximar-te mais de

Deus, incitar-te-á a converter as tuas jornadas, uma após outra, em dias de guarda.

961 No reverso de uma vocação "perdida" ou de uma resposta negativa a essas chamadas constantes da graça, deve-se ver a vontade permissiva de Deus. – Sem dúvida; mas se somos sinceros, bem sabemos que isso não constitui isenção de culpa nem atenuante, porque percebemos no anverso o descumprimento pessoal da Vontade divina, que nos procurou para Si e não encontrou correspondência.

962 Se amas de verdade a tua Pátria – e estou certo de que a amas –, perante um alistamento voluntário para defendê-la de um perigo iminente, não duvidarias em inscrever o teu nome. Em momentos de emergência, como já te escrevi, todos são úteis: homens e mulheres; velhos, maduros, jovens e até adolescentes. Só ficam de fora os incapazes e as crianças.

Todos os dias se convoca, não já um alistamento voluntário – isso é pouco –, mas uma mobilização geral de almas, para defender o Reino de Cristo. E o próprio Rei, Jesus, te chamou expressamente pelo teu nome. Ele te pede que combatas as batalhas de Deus, pondo a seu serviço o que tens de mais elevado na tua alma: o teu coração, a tua vontade, o teu entendimento, todo o teu ser.

– Escuta-me: a carne, com a tua pureza de vida e especialmente com a proteção de Nossa Senhora, não é problema. – Serás tão covarde que tentes livrar-te do chamamento, com a desculpa de que tens doente o coração, a vontade ou o entendimento?... Pretendes justificar-te e ficar nos serviços auxiliares?

– O Senhor quer fazer de ti um instrumento de vanguarda – já o és – e, se viras as costas, só mereces compaixão, como traidor!

963 Se o tempo fosse apenas ouro..., talvez pudesses perdê-lo. – Mas o tempo é vida, e tu não sabes quanta te resta.

964 O Senhor converteu Pedro – que O tinha negado três vezes – sem lhe dirigir sequer uma censura: com um olhar de Amor.

– É com esses mesmos olhos que Jesus nos olha, depois das nossas quedas. Oxalá possamos dizer-Lhe, como Pedro: "Senhor, Tu sabes tudo; Tu sabes que eu te amo!", e mudemos de vida.

965 Alguns argumentam que é em nome da caridade que procedem com delicadeza e compreensão com os que cometem atropelos.

– Rogo a Deus que essa delicadeza e essa compreensão não sejam a camuflagem dos seus... respeitos humanos, do seu comodismo!, para permitir que se cometa o mal. Porque então... a sua delicadeza e a sua compreensão só seriam cumplicidade na ofensa a Deus.

966 Não se pode facilitar a conversão de uma alma, à custa de tornar possível a perversão de muitas outras.

967 Se alguém aceitasse que, entre os cordeiros, se criassem lobos..., pode-se imaginar com facilidade a sorte que correriam os seus cordeiros.

968 Os homens medíocres, medíocres de cabeça e de espírito cristão, quando constituídos em autoridade, rodeiam-se de néscios: a sua vaidade os persuade, falsamente, de que assim nunca perderão o domínio.

Os sensatos, pelo contrário, rodeiam-se de doutos – que ao saber acrescentem a limpeza de vida –, e os transformam em homens de governo. Essa humildade não os frustra, pois – ao engrandecerem os outros – se engrandecem a si próprios.

969 Não é prudente elevar homens inéditos a um trabalho importante de direção, para ver o que acontece. – Como se o bem comum pudesse depender de uma caixa de surpresas!

970 Estás constituído em autoridade, e atuas guiado pelo que os homens dirão? – Velho caduco! – Primeiro, deve importar-te o que Deus dirá; depois – muito em segundo lugar, e às vezes nunca –, terás de ponderar o que os outros podem pensar. "A todo aquele que me reconhecer diante dos homens – diz o Senhor –, também eu o reconhecerei diante de meu Pai que está nos céus. Mas àquele que me negar diante dos homens, também eu o negarei diante de meu Pai que está nos céus".

971 Tu, que ocupas um cargo de responsabilidade, ao exerceres a tua tarefa, lembra-te disto: tudo o que é pessoal perece com a pessoa que se fez imprescindível.

972 Uma norma fundamental de bom governo: distribuir responsabilidades, sem que isso signifique procurar a comodidade ou o anonimato. Insisto, distribuir responsabilidades: pedindo contas a cada um do seu encargo, para poder "prestar contas" a Deus; e às almas, se for preciso.

973 Ao resolveres os assuntos, procura nunca exagerar a justiça ao ponto de esqueceres a caridade.

974 A resistência de uma corrente de ferro mede-se pelo elo mais fraco.

975 Não digas de nenhum dos teus subordinados: – Não presta.
Quem não presta és tu: porque não sabes colocá-los no lugar em que podem funcionar bem.

976 Rejeita a ambição de honras; contempla, pelo contrário, os instrumentos, os deveres e a eficácia. – Assim, não ambicionarás os cargos e, se te chegam, hás de olhá-los na sua justa medida: como cargas a serviço das almas.

977 Na hora do desprezo da Cruz, Nossa Senhora está lá, perto do seu Filho, decidida a compartilhar a sua sorte. – Percamos o medo de nos comportarmos como cristãos responsáveis, quando isso não é cômodo no ambiente em que nos movemos: Ela nos ajudará.

PENITÊNCIA

978 Nosso Senhor Jesus assim o quer: é preciso segui-lo de perto. Não há outro caminho. Essa é a obra do Espírito Santo em cada alma – na tua –: sê dócil, não oponhas obstáculos a Deus, até que faça da tua pobre carne um Crucifixo.

979 Se a palavra amor sai muitas vezes da boca, sem estar escorada em pequenos sacrifícios, acaba por cansar.

980 Sob todos os pontos de vista, a mortificação é de uma importância extraordinária.

— Por razões humanas, pois quem não sabe dominar-se a si mesmo jamais influirá positivamente nos outros, e o ambiente o vencerá, mal afague os seus gostos pessoais: será um homem sem energia, incapaz de um esforço grande quando for preciso.

– Por razões divinas: não te parece justo que, com esses pequenos atos, demonstremos o nosso amor e acatamento Àquele que deu tudo por nós?

981 O espírito de mortificação brota, não tanto como manifestação de Amor, mas como uma das suas consequências. Se falhas nessas pequenas provas – reconhece-o –, fraqueja o teu amor pelo Amor.

982 Não reparaste que as almas mortificadas, pela sua simplicidade, até neste mundo saboreiam mais as coisas boas?

983 Sem mortificação, não há felicidade na terra.

984 Quando te decidires a ser mortificado, melhorará a tua vida e serás muito mais fecundo.

985 Não devemos esquecê-lo: em todas as atividades humanas, tem de haver homens e mulheres com a Cruz de Cristo na sua vida e nas suas obras, erguida, visível, reparadora; símbolo da paz, da alegria; símbolo da Redenção, da unidade do gênero humano, do amor que a Trindade Santíssima, Deus Pai, Deus Filho e Deus Espírito Santo, teve e continua a ter pela humanidade.

986 "Não irá rir, Padre, se lhe disser que – faz uns dias – me surpreendi oferecendo ao Senhor, de uma maneira espontânea, o sacrifício de tempo que supunha para mim ter de consertar um brinquedo estragado de um dos meus filhos?"

– Não sorrio, fico feliz! Porque, com esse mesmo Amor, Deus se ocupa de recompor os nossos estragos.

987 Sê mortificado, mas não rude nem amargurado. – Sê recolhido, mas não encolhido.

988 Um dia sem mortificação é um dia perdido, porque não nos negamos a nós mesmos, não vivemos o holocausto.

989 Não contrariaste alguma vez, em alguma coisa, os teus gostos, os teus caprichos? – Olha que Quem te pede isso está pregado numa Cruz – sofrendo em todos os seus sentidos e potências –, e uma coroa de espinhos cobre a sua cabeça... por ti.

990 Apresentas-te como um teórico formidável... – Mas não cedes nem em miudezas insignificantes! – Não acredito nesse teu espírito de mortificação!

991 Cuidar das pequenas coisas representa uma mortificação constante, caminho para tornar mais agradável a vida aos outros.

992 Prefiro as virtudes às austeridades, diz Yavé com outras palavras ao povo escolhido, que se engana com certos formalismos externos.

– Por isso, temos de cultivar a penitência e a mortificação, como provas verdadeiras de amor a Deus e ao próximo.

993 Na meditação, a Paixão de Cristo sai do marco frio da história ou da consideração piedosa, para se apresentar diante dos olhos, terrível, opressiva, cruel, sangrante..., cheia de Amor.

– E sente-se que o pecado não se reduz a um pequeno "erro de ortografia": é crucificar, rasgar a marteladas as mãos e os pés do Filho de Deus, e fazer-Lhe saltar o coração.

994 Se de verdade desejas ser alma penitente – penitente e alegre –, deves defender, acima de tudo, os teus tempos diários de oração – de oração íntima, generosa, prolongada –, e hás de procurar que esses tempos não sejam quando calhar, mas a hora certa, sempre que te for possível. Não cedas nestes detalhes.

Sê escravo deste culto quotidiano a Deus, e eu te garanto que te sentirás constantemente alegre.

995 O cristão triunfa sempre do alto da Cruz, a partir da sua própria renúncia, porque assim deixa atuar a Onipotência divina.

996 Quando recordares a tua vida passada, passada sem pena nem glória, considera quanto tempo tens perdido e como o podes recuperar: com penitência e com maior entrega.

997 Ao pensares em todas as coisas da tua vida que ficarão sem valor por não as teres oferecido a Deus, deverias sentir-te avaro: ansioso por recolher tudo, por não desaproveitar também nenhuma dor. – Porque, se a dor acompanha a criatura, o que é senão estupidez desperdiçá-la?

998 Tens espírito de oposição, de contradição?... Muito bem: exercita-o em opor-te, em contradizer-te a ti mesmo!

999 Enquanto a Sagrada Família descansa, aparece o Anjo a José, para que fujam para o Egito. Maria e José pegam o Menino e empreendem o caminho sem demora. Não se revoltam, não se desculpam, não esperam que a noite termine... Dize à nossa Mãe Santa Maria e ao nosso Pai e Senhor São José que desejamos amar com prontidão toda a penitência passiva.

1000 Escrevo este número para que tu e eu acabemos o livro sorrindo, e fiquem tranquilos os benditos leitores que, por simplismo ou malícia, buscaram o "esotérico" nos 999 pontos de "Caminho".

ÍNDICE DE TEXTOS DA SAGRADA ESCRITURA

ANTIGO TESTAMENTO

Gênesis
  II, 15.............................482

I Samuel
  XV, 22 992

I Paralipômenos
  XVI, 10 72

Tobias
  VIII, 5 846

Salmos
  XLI, 8 ....173, 338
  XLII, 2 66
  XLII, 4 79
  LIV, 23 873
  LXXVI, 11 161
  XCIX, 2 53
  CIV, 3 72
  CXVII, 1 469

Provérbios
  XXVIII, 20 786

Eclesiastes
  I, 15 501

Cântico dos Cânticos
  IV, 7 339

Eclesiástico
  XVI, 15 534

Isaías
  XXI, 11 960
  XXXIII, 22 855
  XLV, 16 586

Jeremias
  V, 13 542

Daniel
  IX, 23 628
  X, 11-19 628

Oseias
  VI, 6 992

NOVO TESTAMENTO

Evangelho de São Mateus

I, 18-25	647
II, 8	633
II, 13-15	999
III, 9	418
V, 13	342
V, 15-16	930
V, 16	718
V, 48	125, 314
VI, 22-23	328
VII, 3	328
VIII, 23-27	119
IX, 5	782
IX, 13	992
X, 16	910
X, 24	239
X, 32-33	369, 970
X, 34	408
X, 35	816
XI, 12	130
XI, 29	261
XI, 30	198
XII, 7	992
XII, 30	9
XII, 36	926
XII, 50	33
XIII, 24-30	677
XIV, 13	470
XVI, 24	8, 249
XVI, 27	534
XVIII, 12-13	223
XVIII, 15	907
XIX, 16-30	218
XIX, 21	189
XIX, 29	766
XX, 7	205
XXI, 28-32	378
XXII, 11-12	649
XXII, 15	562
XXIV, 48-51	358
XXV, 13	164
XXV, 14-30	525
XXV, 21	507
XXV, 41-43	744
XXVI, 26	684
XXVI, 63	35
XXVI, 72-74	369
XXVIII, 19	232, 462, 930

Evangelho de São Marcos

III, 35	33
IV, 35-41	119
VI, 31-33	470
VI, 34	826
VIII, 34	8, 249
X, 17-31	218
X, 30	766
XIV, 22	684
XIV, 61	35
XIV, 71	369

Evangelho de São Lucas
I, 26-38 481
I, 38 ....33, 124
I, 39 371
I, 45 566
I, 46 95
I, 48 289
II, 1-5 322
II, 19 415
II, 41-50 ....701, 794
II, 51-52 484-6
III, 8 418
V, 5 377
VI, 40 239
VIII, 22-25 119
IX, 10-11 470
IX, 23 ....149, 249
IX, 62 133
X, 16 595
X, 42 454
XI, 34 328
XII, 49 211
XIII, 27 369
XIV, 26 214
XV, 3-6 223
XV, 11-32 65
XVI, 1-2 358
XVIII, 18-30 218
XVIII, 22 189
XVIII, 41 862
XIX, 41-44 210
XX, 20 562
XXII, 19 684
XXII, 42 ....268, 352, 793
XXII, 57......................369
XXIV, 29 ....227, 671

Evangelho de São João
II, 1-11 631
III, 16 290
V, 7 ....212, 954
VII, 5 251
XIII, 6-9 266
XIII, 18 204
XIV, 6 678
XIV, 18 149
XV, 5 697
XV, 8 208
XV, 12 727
XV, 15 ....629, 750
XV, 16 217
XVIII, 20 50
XIX, 22 604
XIX, 25........51, 248, 977
XX, 24-25 684
XXI, 6-11 377
XXI, 17 ....326, 964

Atos dos Apóstolos
II, 1-42 ....213, 226
II, 9..............................186
III, 6 782
V, 40-41 283
XXVIII, 26 31

Romanos
II, 6.............................534
IV, 18 780

VIII, 21-22 311
VIII, 28 127
X, 14 196

1 Coríntios
VII, 29 621
IX, 27 841
XI, 24 684
XIII, 1 542
XIII, 7 ....738, 939
XIV, 40 512
XV, 25 292

2 Coríntios
II, 15 59
XII, 9 166

Gálatas
II, 20 ....424, 892
III, 28 303

Filipenses
IV, 5 53

Colossenses
III, 11 317

1 Timóteo
II, 4 197

2 Timóteo
II, 3 75
II, 5 163
IV, 10 343

Hebreus
X, 37-38 459
XIII, 14 881

Tiago
I, 12 160

1 Pedro
II, 5 499

2 Pedro
I, 19 318

Apocalipse
III, 15-16 541
XII, 1 443

ÍNDICE POR PONTOS
DE TEXTOS DA SAGRADA ESCRITURA

8	Mt XVI, 24; Mc VIII, 34
31	At XXVIII, 26
33	Mc III, 35; Lc I, 38; Mt XII, 50
35	Mc XIV, 61; Mt XXVI, 63
50	Jo XVIII, 20
51	Jo XIX, 25
53	Sal XCIX, 2; Fil IV, 5
59	II Cor II, 15
65	Lc XV, 11-32
66	Sal XLII, 2
72	Sal CIV, 3; I Par XVI, 10
75	II Tim II, 3
79	Sal XLII, 4
95	Lc I, 46
119	Mc IV, 35-41; Mt VIII, 23-27; Lc VIII, 22-25
124	Lc I, 38
125	Mt V, 48
127	Rom VIII, 28
130	Mt XI, 12
133	Lc IX, 62
149	Jo XIV, 18; Lc IX, 23
160	Tg I, 12
161	Sal LXXVI, 11
163	II Tim II, 5
164	Mt XXV, 13
166	II Cor XII, 9
173	Sal XLI, 8
186	At II, 9
189	Mt XIX, 21; Lc XVIII, 22
196	Rom X, 14
197	I Tim II, 4
198	Mt XI, 30
204	Jo XIII, 18
205	Mt XX, 7
208	Jo XV, 8
210	Lc XIX, 41-44
211	Lc XII, 49

212	Jo V, 7	338	Sal XLI, 8
213	At II, 1-42	339	Cânt IV, 7
214	Lc XIV, 26	342	Mt V, 13
217	Jo XV, 16	343	II Tim IV, 10
218	Mt XIX, 16-30; Mc X, 17-31; Lc XVIII, 18-30	352	Lc XXII, 42
		358	Mt XXIV, 48-51; Lc XVI, 1-2
223	Lc XV, 3-6; Mt XVIII, 12-13	369	Mt XXVI, 72-74; Mt X, 32-33; Lc XIII, 27; Lc XXII, 57; Mc XIV, 71
226	At II, 1-42		
227	Lc XXIV, 29	371	Lc I, 39
232	Mt XXVIII, 19	377	Jo XXI, 6-11; Lc V, 5
239	Mt X, 24; Lc VI, 40	378	Mt XXI, 28-32
248	Jo XIX, 25	408	Mt X, 34
249	Lc IX, 23; Mt XVI, 24; Mc VIII, 34	415	Lc II, 19
		418	Lc III, 8; Mt III, 9
251	Jo VII, 5	424	Gál II, 20
261	Mt XI, 29	443	Apoc XII, 1
266	Jo XIII, 6-9	454	Lc X, 42
268	Lc XXII, 42	459	Hebr X, 37-38
283	At V, 40-41	462	Mt XXVIII, 19
289	Lc I, 48	469	Sal CXVII, 1
290	Jo III, 16	470	Mc VI, 31-33; Lc IX, 10-11; Mt XIV, 13
292	I Cor XV, 25		
303	Gál III, 28	481	Lc I, 26-38
311	Rom VIII, 21-22	482	Gên II, 15
314	Mt V, 48	484	Lc II, 51-52
317	Col III, 11	485	Lc II, 51-52
318	II Pe I, 19	486	Lc II, 51-52
322	Lc II, 1-5	499	I Pe II, 5
326	Jo XXI, 17	501	Ecl I, 15
328	Mt VI, 22-23; Mt VII, 3; Lc XI, 34	507	Mt XXV, 21
		512	I Cor XIV, 40

ÍNDICES

525	Mt XXV, 14-30
534	Rom II, 6; Ecle XVI, 15; Mt XVI, 27
541	Apoc III, 15-16
542	I Cor XIII, 1; Jer V, 13
562	Mt XXII, 15; Lc XX, 20
566	Lc I, 45
586	Is XLV, 16
595	Lc X, 16
604	Jo XIX, 22
621	I Cor VII, 29
628	Dan IX, 23; Dan X, 11-19
629	Jo XV, 15
631	Jo II, 1-11
633	Mt II, 8
647	Mt I, 18-25
649	Mt XXII, 11-12
671	Lc XXIV, 29
677	Mt XIII, 24-30
678	Jo XIV, 6
684	Jo XX, 24-25; Lc XXII, 19; Mc XIV, 22; I Cor XI, 24; Mt XXVI, 26
697	Jo XV, 5
701	Lc II, 41-50
718	Mt V, 16
727	Jo XV, 12
738	I Cor XIII, 7
744	Mt XXV, 41-43
750	Jo XV, 15
766	Mt XIX, 29; Mc X, 30
780	Rom IV, 18
782	Mt IX, 5; At III, 6
786	Prov XXVIII, 20
793	Lc XXII, 42
794	Lc II, 41-50
816	Mt X, 35
826	Mc VI, 34
841	I Cor IX, 27
846	Tob VIII, 5
855	Is XXXIII, 22
862	Lc XVIII, 41
873	Sal LIV, 23
881	Hebr XIII, 14
892	Gál II, 20
907	Mt XVIII, 15
910	Mt X, 16
926	Mt XII, 36
930	Mt V, 15-16; Mt XXVIII, 19
939	I Cor XIII, 7
954	Jo V, 7
960	Is XXI, 11
964	Jo XXI, 17
970	Mt X, 32-33
977	Jo XIX, 25
992	Os VI, 6; Mt XII, 7; Mt IX, 13; I Sam XV, 22
999	Mt II, 13-15

ÍNDICE ANALÍTICO

ABANDONO
89, 787, 799, 850, 860, 873, 884. Ver CONFIANÇA (em Deus), FILIAÇÃO DIVINA, INFÂNCIA ESPIRITUAL, LUTA ASCÉTICA, PROVIDÊNCIA DIVINA.

ABNEGAÇÃO
71, 249, 793, 814, 819, 826, 998. Ver CRUZ, ENTREGA, GENEROSIDADE, HUMILDADE (e esquecimento próprio), MORTIFICAÇÃO.

ABURGUESAMENTO
12, 210, 716, 952. Ver TIBIEZA.

AÇÕES DE GRAÇAS
4, 85, 184, 454, 813.

ALEGRIA
52-95, 399, 795, 861, 994; alegria de filhos de Deus, 58-62, 305, 859; alegria e cruz, 70-1, 249, 982-3; alegria e vida interior, 52-4, 72-3, 94-5, 132, 296, 673, 773, 857, 987, 994; alegria e fraternidade, 55-7, 66; alegria e apostolado, 63-4, 117, 188, 321; fruto da entrega, 2, 6-8, 18, 79-81, 85--8, 93, 98; sementeira de alegria, 92, 185; alegria de viver e de morrer, 83, 893; bom humor, 1000. Ver LUTA ASCÉTICA (alegre e esportiva), OTIMISMO.

ALMA HUMANA
796, 800, 841. Ver VIDA HUMANA.

ALMA SACERDOTAL
499. Ver EUCARISTIA, VIDA INTERIOR.

AMBIÇÃO
608-31; ambição boa e má, 623; ambições santas, 608-17; ambições más, 625; mediocridade, 540-1.

AMBIENTE
674, 954; ir contra corrente, 361, 416, 840, 980; recorrer a Nossa Senhora, 977. Ver MUNDO.

AMIZADE
95, 191, 727-68; característica, 733, 748, 750, 828; amizade e lealdade, 742, 747; amizade e serviço, 740; companheirismo, 732, 746; falsa amizade, 743, 761. Ver FRATERNIDADE.

AMOR
41, 795-800, 979.

AMOR DE DEUS
21, 52, 100, 825, 986; purifica, 814, 828; corresponder, 809-10. Ver PROVIDÊNCIA DIVINA.

ANJOS
690, 693-4.

APOSTOLADO
181-232, 927-44; falsos apostolados, 966.
Vocação apostólica, 184, 186, 189, 202, 211, 219, 221, 287, 291, 321, 342, 419, 930, 962.
Fundamento do apostolado, 104, 190, 227, 232, 297, 455, 462, 673, 793, 984. Ver MEIOS, VIDA INTERIOR.
Instrumento de Deus, 219, 962. Ver HUMILDADE (no apostolado).
Apostolado de amizade e confidência, 191-3, 471, 501, 730-1, 733-4, 753, 943.
Direito e dever, 31, 92, 187, 195-7, 408, 728, 733, 774, 778, 952.
Zelo apostólico, 1, 4, 64, 88, 117, 181-3, 193-5, 205, 210, 212-3, 217, 223-4, 228, 292, 297-8, 608, 613, 617, 619, 626, 628, 790, 792, 826, 858, 954.
Modo de fazê-lo, 23, 182, 185, 222, 786, 866, 928, 942-3, 954; dom de línguas, 242, 430, 899, 941; na vida diária, 14; sem respeitos humanos, 34-5, 243, 368.
Virtudes que requer, 927; audácia, 39, 100, 107-17, 204; caridade, 147; constância, 31, 107, 206-7; entusiasmo, alegria, 58-60, 81, 736; fé, 929; humildade, 273; naturalidade, 203; obediência,

373; prudência, 674; virtudes humanas, 37, 40, 112, 118, 188, 431, 556, 752, 792.
Dificuldades no apostolado, 199, 201, 204-5, 934-7. Ver DIFICULDADE.
Eficácia apostólica, frutos, 110, 186, 207-8, 217, 377, 609, 884, 912. Ver EFICÁCIA.
Apostolado da doutrina: ver DOUTRINA.
Apostolado do exemplo, 735, 930. Ver TESTEMUNHO.
Apostolado "ad fidem", 24, 64, 753. Ver ECUMENISMO.
Unidade do apostolado, 226, 409, 556, 615, 729, 757, 868-9, 902.

APÓSTOLOS
189, 216; São Pedro, 266; no Pentecostes, 283.

APROVEITAMENTO
DO TEMPO
19, 155, 510, 620-1, 996; na entrega, 167; no plano de vida, 381; no estudo, 523; no apostolado, 194, 224; e glória de Deus, 508-9, 552, 997; e vida eterna, 613, 882-3, 963. Ver ORDEM.

ATIVIDADES TEMPORAIS
290-322; santificá-las, 293, 307, 311, 487; pôr Cristo no cume, 302, 608, 858, 985. Ver LIBERDADE, MUNDO, SECULARIDADE.

AUDÁCIA
96-124, 790; para cumprir a Vontade de Deus, 105-6; no apostolado, 107-17, 209. Ver FORTALEZA, VALENTIA.

AUTORIDADE
384, 386, 702, 793, 951, 968, 970; tirania, 397-8, 919. Ver GOVERNO.

BURRINHO
345.

CARÁTER
416, 443, 739, 532-53, 769-94, 980.

CARIDADE
74, 93, 147, 187, 739, 745, 797.
Com Deus, 94, 420, 656, 696, 773, 818-9; sem limites, 17; trato de enamorados, 666-7, 676, 799, 810; com o coração,

800, 809; nas coisas pequenas, 980-1.
Com os homens, 245, 251, 547, 727-8, 741-2, 827, 829, 907-8; operante, 734, 744, 748; universal e ordenada, 315, 816, 825, 827, 920, 953; caridade e justiça, 303, 973; caridade e fortaleza, 803, 959; compreensão, 159, 277, 757-8, 864, 867, 990; delicadeza no trato, 63, 89, 712, 807-8, 820, 895, 900, 991; invejas, ciúmes, 784, 868-9, 911-2; falsa caridade, 743, 749, 965; juízos críticos, 635-6, 644, 706, 708, 925; juízos temerários, 135, 544, 551, 906.
Obras de misericórdia, 16; materiais, 26-8; espirituais, 212, 228-9, 778, 826; perdão das ofensas, 738, 760, 763-4, 804-6, 920.
Caridade e verdade, 192, 429, 431, 808, 822-4, 865-7, 871, 900, 902-15, 939, 944; calúnias, murmurações, 544-5, 550, 585-94, 603, 642-5, 902--25, 932, 1000.
Ver compreensão, correção fraterna, fraternidade, veracidade.

CASTIDADE
84, 831-49; natureza, 259, 831; necessidade, 842-4, 848; meios para guardá-la, 132, 814, 832--41, 847, 849; castidade matrimonial, 846. Ver coração, hedonismo.

CÉU
52, 282, 863, 882, 891-2. Ver esperança.

CIDADANIA
290-322. Ver atividades temporais, mundo, sociedade.

CIÊNCIA
597-9, 603. Ver cultura.

COERÊNCIA
40, 46, 51, 979. Ver prudência, respeitos humanos.

COISAS PEQUENAS
156, 488-9, 494, 737, 949; mortificações pequenas, 980-1, 990-1. Ver trabalho, vida diária.

COMPREENSÃO
576, 726; caridade, 738, 757, 804; diante das fra-

quezas alheias, 171, 367, 758-61, 763-4, 778; no apostolado, 206, 864; na convivência, 245, 251, 635, 746, 803, 867, 870-1; no trabalho de governo, 395, 399, 402, 404; transigência e intransigência, 192, 600, 606, 722, 785.

COMUNHÃO DOS SANTOS
56, 472, 479, 615, 689, 948.

COMUNHÃO SACRAMENTAL
Ver EUCARISTIA.

CONFIANÇA
Em Deus, 39, 43-4, 73, 119, 122-3, 349, 398, 770, 787, 850, 854-5; na vida interior, 75, 77, 469; no trabalho apostólico, 114, 859, 884; nos outros, 392-4, 398, 402-3, 972, 975.
Ver ABANDONO, ESPERANÇA, FÉ, FILIAÇÃO DIVINA.

CONFISSÃO SACRAMENTAL
45, 168.

CONSCIÊNCIA
24, 105, 389, 589, 911.
Ver EXAME DE CONSCIÊNCIA.

CONSTÂNCIA
31, 107, 129, 140, 206-7, 771-89.

CONTEMPLATIVOS
309, 452, 497. Ver ORAÇÃO, PIEDADE, PRESENÇA DE DEUS.

CONTRADIÇÕES
38, 239-47, 310, 411, 683, 868, 931, 935-6, 958; no apostolado, 28, 202, 242, 244, 784, 922, 924, 933; murmurações, 907, 910, 921-4; atitude diante das contradições, 239-41; 250, 268, 407, 698, 855, 872, 908-9, 932. Ver CARIDADE, DIFICULDADES.

CONTRIÇÃO
42, 324, 469, 480, 763-4, 839, 964; dor de Amor, 30, 142, 174, 861; recomeçar, 65, 145. Ver CONFISSÃO SACRAMENTAL, CONVERSÃO, EXAME DE CONSCIÊNCIA, FRAQUEZAS, HUMILDADE (e fraquezas), REPARAÇÃO.

CONVIVÊNCIA
167, 322, 429, 755-6, 911, 913. Ver COMPREENSÃO.

CONVERSÃO
145-6, 161, 170, 278, 838. Ver CONTRIÇÃO.

CORAÇÃO
98, 795, 830; ter coração, 183, 795, 802, 809, 820, 829; à medida do Coração de Cristo, 813; o exemplo da Virgem Maria, 801; exigências, 796, 800; coração e pureza, 811, 814, 828, 830; os laços do sangue, 214, 812, 816; sentimentalismo, 166; entrega de coração, 41, 810, 815, 817; guarda do coração, 811-7, 834, 849. Ver CARIDADE, CASTIDADE.

CORREÇÃO FRATERNA
373, 707, 821, 823, 907.

CORREDENTORES
1, 181, 211, 255, 291, 466, 826, 858, 945, 985. Ver APOSTOLADO, CRUZ, MORTIFICAÇÃO.

COVARDIA
11, 25, 121, 370. Ver VALENTIA.

CRUZ
248-58, 985; aceitação gozosa, 52, 234, 255-6, 978; calúnias e incompreensões, 239-47; dor e sacrifício, 249, 887; a cruz de cada dia, 149, 988; o crucifixo, 28, 238; cunho divino, 8, 70, 198, 244, 257, 995; exemplo de Nossa Senhora, 248, 258. Ver MORTIFICAÇÃO, PENITÊNCIA.

CULTO DIVINO
49-50, 382.

CULTURA
138, 310. Ver ESTUDO, LEITURAS.

DEFEITOS
435-9; adulação, 561, 721; desânimo, 77-8; inveja, 911-2; espírito de contradição, 998; orgulho, 269, 713, 720. Ver EGOÍSMO, FRAQUEZAS, SOBERBA.

DEMÔNIO
149-50, 323, 703, 812, 868, 914.

DESCANSO
470, 513-4.

ÍNDICES

DESPRENDIMENTO
Das coisas da terra, 21, 82, 294; dos bens materiais, 26-7; da fama, 34, 241, 243; das honras, 441; das opiniões, 275, 277; dos próprios interesses, 14; do próprio eu, 279. Ver POBREZA.

DEVERES E DIREITOS
300, 310, 322, 413, 421, 507, 785, 946; deveres de justiça: ver JUSTIÇA, SINCERIDADE, VERACIDADE; deveres profissionais: ver TRABALHO; deveres civis e sociais: ver CIDADANIA, JUSTIÇA, SOCIEDADE.

DEVOÇÕES
49, 62, 90, 474, 480, 690; ao crucifixo, 28, 238. Ver CRUZ, EUCARISTIA, JESUS CRISTO, ROMANO PONTÍFICE, SAGRADA FAMÍLIA, VIRGEM SANTÍSSIMA.

DIFICULDADES
35, 38, 101, 113, 234, 376, 715; dificuldades subjetivas, 108, 166; confiança em Deus, 110, 119, 127; serenidade e alegria, 66, 76, 82, 90, 878. Ver APOSTOLADO (dificuldades), CONTRADIÇÕES, TENTAÇÕES.

DIREÇÃO ESPIRITUAL
336, 382, 404, 677, 835, 859, 951; carinho e exigência, 13, 331, 405-6, 959; modo de recebê-la, 152, 157, 270, 324; sinceridade, 216, 323, 325, 327, 332-6, 339. Ver DOCILIDADE, SINCERIDADE.

DOCILIDADE
181, 372, 793. Ver GRAÇA, OBEDIÊNCIA.

DOENÇA
253-4. Ver DOR.

DOR
233-58; sentido sobrenatural, 2, 52, 234, 238, 240, 249-50, 887, 997; doença, 253-4; incompreensões, 239-48; compaixão diante da dor alheia, 233, 251; exemplo de Nossa Senhora, 248, 258. Ver CRUZ, DOENÇA.

DOUTRINA
Doutrina de fé, 42, 47, 923, 940; necessidade de ter boa doutrina, 221,

346; modo de dar doutrina, 567-74, 901, 910, 938-9; com dom de língua, 899, 941; obrigação de difundi-la, 225, 826. Ver EVANGELIZAÇÃO, FÉ, FORMAÇÃO, LEITURAS, VERACIDADE.

ECUMENISMO
365, 751; falso ecumenismo, 359-60, 364, 643, 966.

EDUCAÇÃO
310, 336.

EFICÁCIA
557, 699.

EGOÍSMO
9-12, 16, 25, 709, 739, 744-5, 749.

ENSINO
229-30.

ENTREGA
4, 5, 21, 33, 41, 130, 140, 167, 176, 611, 674, 678-82, 782, 787, 794, 798, 799, 810, 934; da honra, 614; dos laços de sangue, 22, 214; do tempo, 19; e liberdade, 11, 787; generosidade, 1-33, 71, 266, 677; frutos, 7, 32, 79-81, 85-8, 98. Ver FIDELIDADE, LIBERDADE, VOCAÇÃO (fidelidade à vocação).

ESPERANÇA
31, 77, 83, 91, 293, 723-4, 780; do Céu, 876, 880-1, 885, 891; e luta ascética, 68, 80, 163, 863. Ver CÉU, CONFIANÇA (em Deus).

ESPÍRITO SANTO
120, 283, 978. Ver GRAÇA.

ESQUECIMENTO PRÓPRIO
Ver HUMILDADE (e esquecimento próprio)

ESTUDO
471, 483, 522-6, 572, 618-9, 622, 781. Ver CULTURA, FORMAÇÃO, LEITURAS.

EUCARISTIA
684-95; comunhão eucarística, 694; presença real, 684-7, 871.
Vida eucarística: atos de desagravo, 689; trato com Cristo na Eucaristia, 684;

visitas ao Santíssimo, 685-8, 818.
Ver ALMA SACERDOTAL, CULTO DIVINO.

EVANGELHO
Leitura do Evangelho, 671-2.

EVANGELIZAÇÃO
181, 213, 228, 318. Ver DOUTRINA.

EXAME DE CONSCIÊNCIA
142, 148, 157, 329, 420, 657; dias de retiro, 177-9.

EXEMPLOS GRÁFICOS
Antes, mais, melhor, 462; ao passo de Deus, 629, 791; asas para voar, 414; bandeira de alistamento, 211; brasa acesa, 194; cada caminhante siga o seu caminho, 231; descascar batatas, 498; elos de uma corrente, 974; embrulho de presente, 288; feridas de soldado, 240; guerrilheiro isolado, 409; história clínica, 173; ideias mestras, 884; lanternas na escuridão, 318; lapidação do diamante, 235; liga metálica, 358; menino mimado, 432; mobilização geral, 962; moinho de vento, 811; olhar abrasador, 297; os sete sábios da Grécia, 365; ouro e cobre, 286; ponte levadiça, 467; primeira audiência, 450; profissionalite, 502; quinta coluna, 112; revolução cristã, 887; rosas e espinhos, 237; roturar, abrir sulco, 215; sal da terra, 342; sentinela de guarda, 463; sete chaves, 834; vento e furacão, 411.

EXPEDIENTES HUMANOS
531, 775.

FAMÍLIA CRISTÃ
Natureza e característica, 845-6, 986; educação dos filhos, 310, 336; as famílias e a vocação, 22-3, 133, 214; 812, 816.
Ver MATRIMÔNIO.

FÉ
Natureza e necessidade, 83, 91, 259, 572, 837, 856, 940; doutrina de fé, 275, 357-9, 684; difundir a fé, 927, 944.
Fortaleza na fé: amor e defesa, 84, 572, 901, 923, 929, 933, 936-40, 996;

não é fanatismo, 571, 933;
nas contradições, 411.
Fé operante, 4, 46, 111,
215, 355, 930, 945, 949;
no apostolado, 207; vida
de fé, 43-4, 56, 73, 119,
121, 308-9, 459, 658.
Ver DOUTRINA, LEITURAS.

FIDELIDADE
51, 298, 340-50, 376,
786-9, 794, 948; ao plano
de vida, 412-5; no cumprimento do dever, 131;
fidelidade e luta ascética,
126; lealdade à Igreja,
351-67, 407-11. Ver LEALDADE, VOCAÇÃO, VOCAÇÃO
CRISTÃ.

FILIAÇÃO DIVINA
70, 96, 184, 267, 299,
303, 306, 309, 317, 417,
750, 790; abandono, confiança, 65, 90, 175, 426;
alegria de filhos de Deus,
53-4, 58-62, 67, 86, 305,
885; a liberdade dos filhos de Deus, 311, 423.
Ver ABANDONO, INFÂNCIA
ESPIRITUAL.

FORMAÇÃO
Necessidade, fins, meios,
221, 346, 359, 538, 951;
não termina nunca, 272;
sem pressas, 783.
Trabalho de formação,
216, 402, 425, 442, 950;
carinho e exigência, 405,
803; corrigir por amor,
821-4; deixar-se formar,
235, 270. *Aspecto da formação*: da consciência,
389; formação para o
apostolado, 419, 626. Ver
DOCILIDADE, DOUTRINA.

FORTALEZA
66, 97, 441, 720, 803,
974; no governo, 822,
967; diante do ambiente,
416, 840, 980. Ver AUDÁCIA, CONSTÂNCIA, LUTA INTERIOR, MAGNANIMIDADE, PACIÊNCIA, RIJEZA, SERENIDADE, VALENTIA.

FRAQUEZAS
42, 45, 62, 65, 69, 134,
414, 162, 174, 262, 271,
475, 564, 834, 984. Ver
DEFEITOS, HUMILDADE (e
fraquezas).

FRATERNIDADE
681, 739, 755-67, 823;
fraternidade universal,
16, 317, 624, 729, 732,
754; fraternidade e ale-

gria, 55, 57, 66; falsa fraternidade, 743.
Manifestações: caridade, unidade, 56; dia de guarda, 960; delicadeza no trato, 712, 807-8, 895; evitar discórdias, 918; tornar amável a vida aos outros, 63; esquecimento próprio, 765; pequenos serviços, 737.
Ver CORREÇÃO FRATERNA, VOCAÇÃO CRISTÃ.

FRIVOLIDADE
154, 224, 532-53, 650, 776, 834, 902-3, 926.

GENEROSIDADE
1-33, 560, 775, 782; com os meios materiais, 24-8; na entrega, 1-8, 29-32; na luta ascética, 13-19; no apostolado, 40; e família, 22-3. Ver ENTREGA, SERVIÇO.

GLÓRIA DE DEUS
Ver HUMILDADE (e glória de Deus).

GOVERNO
383-406, 967-76; desgoverno, tirania, 386-7, 397-8, 400, 919.
Características do bom governo: modo de governar: 968; colegial, 392; carinho e exigência, 405-6; delegar, responsabilidades, 972; ensinar os outros, 402; não confiar só na organização, 403; não fazer-se imprescindível, 971; sentido positivo, 399. *Virtudes do governante*, 968-70; fortaleza, 383, 581, 967; desprendimento do cargo, 705, 976; bons modos, 386; ordem, 387; compreensão, 395; prudência, 391, 396, 975; objetividade, 399; respeito à liberdade, 401; humildade, 388, 392, 976; sentido de responsabilidade, 951, 968-976. Ver AUTORIDADE, SERVIÇO.

GRAÇA DIVINA
Natureza e efeitos, 14, 314, 424, 668, 770; correspondência à graça, 4, 5, 17, 67, 80, 103, 105, 120, 155, 179, 443, 596, 629, 669, 725, 769, 782, 798, 851, 946, 957, 961. Ver ENTREGA, ESPÍRITO SANTO, FIDELIDADE, FILIAÇÃO DIVINA, MEIOS (sobrenaturais), SANTIDADE, VOCAÇÃO (chamada divina).

HEDONISMO
128, 423, 795, 940.

HIPOCRISIA
562, 569, 595, 632-47, 741.

HUMILDADE
259-89.

Natureza e necessidade, 259, 289, 919; frutos, 282, 995; humilhações, 35, 45, 268, 281; sinais da falta de humildade, 263; verdadeira e falsa humildade, 40, 45, 261-69, 627; e caridade, 328, 422, 722, 824; e a Virgem Maria, 124, 289. Ver SANTIDADE.

Humildade e glória de Deus, 555, 675, 718, 721, 976. Ver RETIDÃO DE INTENÇÃO.

Humildade e conhecimento próprio: 20, 66, 68, 122, 131, 134, 260, 268--73, 421, 758, 770, 886; vaidade, 44-5, 135, 721, 968. Ver EXAME DE CONSCIÊNCIA.

Humildade e fraqueza, 42, 65, 69, 77-8, 141, 174, 262, 269, 271, 274--81, 475, 564, 604, 696, 702-7, 713-20, 722-6, 964. Ver CONTRIÇÃO, FRAQUEZAS, LUTA ASCÉTICA (humilde e confiada).

Humildade e esquecimento próprio, 74, 279, 510--1, 515, 533, 630-1, 697--700, 709-12, 739, 755, 765, 793, 947, 998. Ver APOSTOLADO (instrumento de Deus).

IGREJA
Fundação, natureza e notas, 186, 312, 319, 364, 409-10, 960, 962; magistério da Igreja, 275; direitos da Igreja, 301, 310; fidelidade e amor à Igreja, 47, 344, 351-6, 360, 365, 367, 407-11, 920; dificuldades na vida da Igreja, 311, 935, 936; rezar pela Igreja, 344. Ver ROMANO PONTÍFICE.

IMAGINAÇÃO
135, 166-7.

INFÂNCIA ESPIRITUAL
79, 145, 270, 473-4. Ver FILIAÇÃO DIVINA, SIMPLICIDADE.

INFERNO
890.

ÍNDICES

JACULATÓRIAS
161, 180, 516, 862, 874, 936, 964.

JESUS CRISTO
Vida de Jesus: nascimento e vida oculta, 62, 322, 484-6, 701, 794, 955; vida pública, 50, 65, 67, 212, 218, 227, 233, 251, 266, 361, 377-8; paixão e morte, 35, 51, 139, 255, 373, 805, 989, 993; glorificação, 226, 554; realeza de Cristo, 292, 608. Ver CRUZ, VIDA DIÁRIA.
Humanidade Santíssima do Senhor, 95, 210, 421, 813, 964; Coração Sacratíssimo de Jesus, 805, 809, 813, 830.
Identificação com Cristo, 166, 200, 366, 424, 687, 700, 728, 732, 806, 892, 978; modelo de virtudes, 238-9, 244, 261, 273, 726; trato com Jesus Cristo, 470, 662-4, 671-3, 680. Ver VIDA INTERIOR.

JUÍZO
358, 369, 693, 875, 888, 890, 897.

JUSTIÇA
601, 785, 827, 892, 973; justiça social, 16, 227-8, 303, 466, 502, 528, 624, 702, 754.

LABORIOSIDADE
199, 482-531. Ver APROVEITAMENTO DO TEMPO, ORDEM, TRABALHO (perfeição humana).

LAICISMO
301, 304, 307-8, 310-1, 318, 931-8.

LEALDADE
340-371; na conduta cristã, 368-70; à Igreja, 351--67, 407-11; à própria vocação, 340-50; deslealdade, 393, 396, 743, 747. Ver AMIZADE, FIDELIDADE.

LEI
383, 400; lei divina, 12, 407; lei civil, 307, 322, 410, 785. Ver AUTORIDADE, GOVERNO, SOCIEDADE CIVIL.

LEITURAS
138, 579. Ver CULTURA.

LIBERDADE
Amor e defesa, 231, 384, 423; na entrega, 11, 78,

284, 787, 797, 799; no apostolado, 226, 401; liberdade religiosa, 301, 310, 389, 931; em questões temporais, 313, 356-7. Ver SECULARIDADE.

LUTA ASCÉTICA
125-180.
Necessidade e objetivos, 111, 142, 157-8, 863, 990; na vida de piedade, 177-80; contra o pecado, 138-9, 143-5; contra a tibieza, 146; nas tentações, 132-7, 149-50, 172. Ver EXAME DE CONSCIÊNCIA, SANTIDADE, TIBIEZA.
Alegre e esportiva, 169; conversão, 162, 170, 179; o cristão, soldado de Cristo, 75, 151, 790, 960. Ver OTIMISMO.
Humilde e confiada, 20, 77, 259, 964. Ver DEFEITOS, FRAQUEZAS, HUMILDADE (e fraquezas).
Constante e forte, 113, 126, 129, 134, 140, 163--6, 769, 771, 776; começar e recomeçar, 161-2, 167-76, 271; exigência, 15, 17, 130, 149, 153-6. Ver CONSTÂNCIA, FORTALEZA, PACIÊNCIA, PERSEVERANÇA.

Na vida diária, 875; ajuda de Nossa Senhora, 692. Ver VIDA DIÁRIA.
Fonte de alegria, 68, 78, 132, 852. Ver ALEGRIA.

MAGNANIMIDADE
608-631, 802, 825, 949. Ver GENEROSIDADE.

MATERIALISMO
128, 304-7, 423.

MATRIMÔNIO
845-6. Ver FAMÍLIA CRISTÃ.

MATURIDADE
553, 627, 715; frivolidade, 532-53. Ver CARÁTER, PERSONALIDADE, VIRTUDES.

MEIOS
Meios sobrenaturais, 3, 190, 403, 834, 936, 995; eficácia, 123, 147, 873. Ver APOSTOLADO (fundamento).
Meios econômicos e materiais, 24, 616, 974. Ver DESPRENDIMENTO, POBREZA.

MODAS
48.

MORAL CRISTÃ
48, 267, 275, 295, 307, 357, 842. Ver CONSCIÊNCIA.

MORTE
26, 875-81, 883-6, 890, 893-4, 896; é Vida, 876-9, 883; preparação, 875, 877, 881; pensamento da morte, 880, 885, 891, 895, 897, 963.

MORTIFICAÇÃO
Natureza e necessidade, 255, 467, 841, 978-84, 988, 992; e caridade, 779, 819, 981, 990; e alegria, 59, 982-3, 987.
Mortificação interior, 34-5, 74, 133; da imaginação, 135, 164, 248; da língua, 902-4.
Mortificação corporal, 834, 903, 985; dos sentidos, 132, 660, 670, 682.
Mortificação habituais, 252, 446, 986, 988-991.
Ver APOSTOLADO (fundamento), COISAS PEQUENAS, CRUZ, MEIOS (sobrenaturais), PENITÊNCIA.

MUNDO
Santificação do mundo, 14, 99, 291-3, 297, 302, 307, 318-20, 858, 945; cidadão cristão, 296, 303, 306, 309, 312, 931; amor ao mundo, 290, 294, 305; não ser mundano, 299, 304, 774, 814. Ver ATIVIDADES TEMPORAIS, CIDADANIA, PECADO, SECULARIDADE, SOCIEDADE CIVIL.

NACIONALISMO
315-7.

NATURALIDADE
554-66; humildade, simplicidade, 203, 561-2, 564-5; discrição, 647, 910; na mortificação, 985-7; na vida cristã, 558-60, 566, 833; no apostolado, 188, 320-1, 555, 563; naturalidade de Jesus Cristo, 554, 556; e eficácia, 557. Ver VIDA ORDINÁRIA.

NOVÍSSIMOS
305, 875-98. Ver CÉU, INFERNO, JUÍZO, MORTE, PURGATÓRIO.

OBEDIÊNCIA
13, 151, 372-82, 408-415; natureza e necessidade, 259, 376, 381; características, 372-6, 378-80, 382, 415, 435, 999; disciplina,

376, 409-10, 412, 415; no apostolado, 373, 377. Ver DIREÇÃO ESPIRITUAL, DOCILIDADE, FÉ, FORMAÇÃO, GOVERNO.

OFERECIMENTO
DE OBRAS
499, 675, 997.

ORAÇÃO
444-481; características, 259, 458, 460, 468-70; oração vocal, 473-7; oração de petição, 213, 217, 454, 472, 479, 648; e apostolado, 455, 462, 466; e trabalho, 497.
Oração mental, 118, 324, 457, 481, 661-5; necessidade, 444-5, 448-50, 456, 464-5, 994; dificuldades, 459-60, 463, 670; modo de fazê-la, 446-7, 461-3. Ver CONTEMPLATIVOS, TERÇO.

ORDEM
384, 506, 509, 511, 513, 953. Ver APROVEITAMENTO DO TEMPO.

OTIMISMO
Fé, esperança, 56, 80, 90, 118, 127, 426; na luta, 68, 80; sentido positivo no governo, 398-9; «omnia in bonum!», 127. Ver ALEGRIA, CONFIANÇA (em Deus), ESPERANÇA, FILIAÇÃO DIVINA.

PACIÊNCIA
71, 668, 791, 821, 853; no trabalho de almas, 206, 405; santa impaciência, 783. Ver LUTA ASCÉTICA (constante e forte), SERENIDADE.

PATRIOTISMO
301, 315-7, 962. Ver CIDADANIA, NACIONALISMO.

PAZ
850-74; paz interior, 70-1, 78, 250, 335, 340, 510, 786, 796, 853, 857, 874; fruto da entrega, 6-8, 18; fruto da luta, 146, 160, 851-2; fruto do abandono, 850, 859-62, 873; nas dificuldades, 859, 861, 872, 878, 907-8; serenidade, 853-6; semeadura de paz, 59, 75, 92, 290, 863-6, 916-8, 920, 927, 932. Ver COMPREENSÃO, LUTA ASCÉTICA, OTIMISMO, SERENIDADE.

ÍNDICES

PECADO
134, 139, 171, 315, 407, 836, 837, 839, 890, 944, 993; luta contra o pecado, 143-4; efeitos, 843-4, 848, 851; arrependimento, 65, 324, 838. Ver CONTRIÇÃO, REPARAÇÃO.

PENITÊNCIA
259, 839, 925, 978-99. Ver CONFISSÃO SACRAMENTAL, CONTRIÇÃO, MORTIFICAÇÃO, PECADO, REPARAÇÃO.

PERSEVERANÇA
32, 325, 347-8, 366, 898; na luta, 169, 173; no apostolado, 31, 205, 207, 215; no trabalho começado; 521, 771; na vocação, 343, 349; perseverança final, 284, 888, 894. Ver CONSTÂNCIA, LUTA ASCÉTICA (constante e forte), VOCAÇÃO (fidelidade à vocação).

PERSONALIDADE
416-43. Ver CARÁTER.

PESSIMISMO
723-5. Ver OTIMISMO.

PIEDADE
167, 179, 476; amor à Igreja, 344, 354; amor à tradição, 950.

PLANO DE VIDA
149, 381, 412. Ver ORDEM.

POBREZA
82, 228, 982. Ver DESPRENDIMENTO.

PREGUIÇA
165, 265, 505, 957.

PRESENÇA DE DEUS
334, 447-50, 473, 478, 657-660, 681, 856-7, 900, 906, 926. Ver CONTEMPLATIVOS, JACULATÓRIAS, ORAÇÃO.

PRIMEIROS CRISTÃOS
320, 490. Ver APÓSTOLOS.

PROPAGANDA
927-44. Ver APOSTOLADO, DOUTRINA.

PROPÓSITOS
3, 76, 222, 949. Ver EXAME DE CONSCIÊNCIA, LUTA ASCÉTICA.

PROSELITISMO
199, 201, 217-20, 412; meios sobrenaturais, 190, 198, 217-8; apóstolo de apóstolos, 196, 202, 204. Ver APOSTOLADO (zelo apostólico).

PROVIDÊNCIA DIVINA
596. Ver ABANDONO, CONFIANÇA (em Deus).

PRUDÊNCIA
97, 222, 785, 910, 951, 958; ao julgar, 906, 915; no governo, 391, 396, 919, 967-72, 975; nas leituras, 138; falsa prudência, 43, 101, 108-9, 121.

PURGATÓRIO
889.

REPARAÇÃO
258, 480, 518, 996. Ver CONTRIÇÃO, PECADO, PENITÊNCIA.

RESPEITOS HUMANOS
34-51, 965, 970; na entrega, 40-1; para praticar a fé, 43-51, 115; no trabalho apostólico, 34-9, 114.

RESPONSABILIDADE
372, 548, 715, 781, 791, 945-77; na santidade, 888, 948, 956, 961, 996; no trabalho apostólico, 774, 790, 953-4, 956-7, 962, 977; no trabalho de governo, 968-76; sentido de responsabilidade, 138, 539, 545-7, 974; falta de responsabilidade, 438, 533. Ver APOSTOLADO, GOVERNO, SANTIDADE, TRABALHO.

RETIDÃO DE INTENÇÃO
19, 135, 296, 575-85, 588, 633-641, 643-4, 646, 679, 708, 718, 722, 773, 806, 853, 912; no governo, 970, 976; no trabalho, 508, 701-2, 907; no apostolado, 204, 215, 352, 609-10, 612, 908; retificar os juízos, 604-6. Ver APOSTOLADO (instrumentos de Deus), HUMILDADE (e glória de Deus), TRABALHO (perfeição humana).

RIJEZA
92, 416, 418, 432, 777, 779, 781-2.

ROMANO PONTÍFICE
353.

SACERDOTES
168, 904.

SAGRADA FAMÍLIA
62, 690, 999.

SANTIDADE
111, 113, 611; amor de Deus, caridade, 17, 655, 739; desejos de santidade, 628, 648, 650, 776; chamada universal, 125, 157, 182, 314, 408, 507, 529, 654; santidade e luta ascética, 129, 158, 161, 166; condição de eficácia, 104, 342, 653, 927. Ver LUTA ASCÉTICA, VIDA ORDINÁRIA, VOCAÇÃO CRISTÃ.

SANTOS
558-9, 611, 653; Santo Agostinho, 838.

SECTARISMO
580.

SECULARIDADE
298, 300, 308, 313, 356; amor ao mundo, 290, 294, 299. Ver ATIVIDADES TEMPORAIS, CIDADANIA, MUNDO, VOCAÇÃO CRISTÃ.

SENTIDO SOBRENATURAL
2, 30, 72-3, 86, 96, 116, 296, 374, 441, 532, 756, 762, 772, 958, 970; no apostolado, 108, 215, 345, 609; nas contradições, 908-9, 925; diante da morte, 877, 879, 881; da paz, 127, 853-4, 856, 862; visão humana, 427, 436. Ver RETIDÃO DE INTENÇÃO, UNIDADE DE VIDA.

SERENIDADE
112, 340, 439, 791, 853-6, 874, 878, 906, 958; fruto do abandono, 860, 873. Ver ABANDONO, PACIÊNCIA, PROVIDÊNCIA DIVINA.

SERVIÇO
266, 386, 730; a Deus, 53, 280, 298; à Igreja, 14, 351, 355; no trabalho de ensino, 229; ânsias de serviço, 55, 350, 422, 433, 623-5, 630-1, 705, 727, 737, 738, 744, 750, 942, 947.

SIMPLICIDADE
326, 338, 434-7, 564-5, 639, 777, 901, 903; falta de simplicidade, 434,

SINCERIDADE
45, 180, 188, 323-39, 820, 979; consigo mesmo, 148, 153, 159; na direção espiritual, 145, 152. Ver SIMPLICIDADE, VERACIDADE.

SOBERBA
74, 162, 274, 696-726. Ver HUMILDADE.

SOCIEDADE CIVIL
301, 421; cristianizar a sociedade, 302, 318. Ver ATIVIDADES TEMPORAIS, AUTORIDADE, CIDADANIA, GOVERNO, LEI, MUNDO, SECULARIDADE.

SOLIDÃO
709.

TEMPERANÇA
Ver CASTIDADE, DESPRENDIMENTO, HUMILDADE, MORTIFICAÇÃO, POBREZA.

TENTAÇÕES
132-44, 149-50, 341, 833, 854; contra a vocação, 133, 136; lutar, não dialogar, 137, 160, 172, 834, 836; remédios, 323, 817, 847. Ver LUTA ASCÉTICA.

TEOLOGIA
572.

TERÇO
474-8, 691, 874.

TESTEMUNHO
36, 46, 50, 94, 193, 236, 300, 306, 318, 534, 735; de alegria, 58, 60, 79; conduta cristã, 306, 368-70, 930.
Ver VOCAÇÃO CRISTÃ.

TIBIEZA
9, 10, 12, 112, 132, 146, 153-4, 165, 204, 540-1, 717, 736. Ver ABURGUESAMENTO, FRIVOLIDADE, LUTA ASCÉTICA, VIDA INTERIOR.

TRABALHO
482-531; dignidade do trabalho, 482-7, 530; perfeição humana, 488-95, 499, 504, 508, 519, 529; ordem, aproveitamento do tempo, 505-15, 791; retidão de intenção, 491, 495, 502-4, 526, 701; santificar o trabalho, 311,

497, 500, 516-8, 520, 531; santificar-se com o trabalho, 482-3, 490, 493, 496-501, 507, 531; virtudes no trabalho, 488-9, 501, 505, 511, 515, 519, 521, 527; instrumento de apostolado, 14, 193, 230, 471, 483, 491, 501, 528, 530, 781, 928, 954; exemplo de Jesus Cristo, 484-6. Ver ATIVIDADES HUMANAS, APOSTOLADO, COISAS PEQUENAS.

TRANSIGÊNCIA E INTRANSIGÊNCIA
192, 600, 606, 722, 785. Ver COMPREENSÃO.

TRISTEZA
510. Ver ALEGRIA.

UNIDADE
364, 373, 411, 868, 918. Ver APOSTOLADO (unidade no apostolado).

UNIDADE DE VIDA
187, 197, 223, 308, 471, 534, 549, 568, 571-3, 584, 595, 744, 888. Ver COERÊNCIA, CONTEMPLATIVOS, TRABALHO (santificar o trabalho).

UNIVERSALIDADE
226, 428; universalidade no apostolado, 183, 186, 193, 209, 228, 363, 563, 943.

VAIDADE
164, 703-4, 713. Ver HUMILDADE, SOBERBA.

VALENTIA
36, 41, 46, 92-124, 166, 236, 362, 785, 834, 920, 962; audácia, 37, 39, 96--8, 112, 118, 124; medo, 102-3

VERACIDADE
47, 185, 330-4, 567-607. *Fidelidade e amor à verdade*, 42, 901, 905, 916, 938, 965; amor, 336, 567, 570, 575-6, 578-9, 581, 588-90, 592, 593, 595, 597-8, 600, 602; defesa, 34, 243, 937; prudência, 910, 915; difundir a verdade, 571, 574, 587, 870, 928, 930, 934.
Atentados contra a verdade: hipocrisia, 632-47; mentiras, 338, 577, 905, 932; calúnias, murmurações, 544-5, 550, 585-94, 603, 642-5, 902-25, 932, 1000.
Ver DOUTRINA, SINCERIDADE.

VIDA DIÁRIA
565, 617, 628, 701, 953, 955; santidade na vida diária, 489, 495-500, 988; o exemplo de Jesus Cristo, 484-6. Ver COISAS PEQUENAS, HUMILDADE, NATURALIDADE, TRABALHO.

VIDA HUMANA
760, 883, 886, 896.

VIDA INTERIOR
648-95; necessidade, 86, 122, 445, 447, 654, 697, 788, 789, 798, 984; características, 79, 81, 426, 649, 651, 655, 679, 682, 769; santidade e virtudes, 648-56; oração, presença de Deus, 657-665; trato com Jesus Cristo, 662-683, 794; ação da graça, 668-9, 677; deve manifestar-se com obras, 197, 223, 683; almas de Eucaristia, 684-9; trato com a Virgem Maria e os Santos, 690-5; dificuldades na vida interior, 493, 651, 677, 780; aridezes, 459, 464, 695, 862. Ver APOSTOLADO (fundamento), GRAÇA, JESUS CRISTO (identificação com Cristo), LUTA ASCÉTICA.

VIRGEM SANTÍSSIMA
Santidade e virtude, 33, 95, 124, 248, 289, 339, 371, 481, 566, 607, 647, 726; Mãe dos homens, 607, 801, 847; corredentora, 977; o Coração Dulcíssimo de Maria, 258, 415, 768, 801, 830; a Virgem Maria e a Igreja, 232.
Vida de Maria: Anunciação, 33, 124, 481, 647, 726; Visitação a Santa Isabel, 95, 289, 371, 566; a caminho de Belém, 322; fuga para o Egito, 999; o Menino perdido e achado no Templo, 794; vida oculta de Jesus, 415; bodas de Caná, 631; na Paixão, 51, 248, 977; no Pentecostes, 232; Assunção ao Céu, 898; coroação, 443, 926.
Devoção à Virgem Maria, 691, 695, 874, 898, 944; terço, 474-5; imagens da Virgem Maria, 531; a Virgem Maria e a vida interior, 180, 258, 415, 553, 692, 695, 768, 830, 847, 849.

VIRTUDES
53, 541, 649. Ver CARÁTER, MATURIDADE, PERSONALIDADE.

Virtudes humanas: natureza e necessidade, 37, 58, 299, 422, 427, 652, 754, 813; aperfeiçoam-se com a graça, 443, 566, 771-2, 829; autencidade, 777; cortesia, 431, 792; equanimidade, 440, 788; energia, 980.
Ver ALEGRIA, AMIZADE, AUDÁCIA, CASTIDADE, COMPREENSÃO, CONSTÂNCIA, DESPRENDIMENTO, FIDELIDADE, FORTALEZA, FRATERNIDADE, GENEROSIDADE, JUSTIÇA, LABORIOSIDADE, LEALDADE, OTIMISMO, OBEDIÊNCIA, ORDEM, PACIÊNCIA, PRUDÊNCIA, RESPONSABILIDADE, SERENIDADE, SIMPLICIDADE, SINCERIDADE, VALENTIA, VERACIDADE.

VOCAÇÃO
Chamada divina, 1, 200, 220, 629; natureza e característica, 184, 198, 560, 787-9; resposta à vocação, 8, 41, 98, 189, 201, 216, 218; obstáculos e tentações, 15, 133, 136, 141, 166, 677, 812; fidelidade à vocação, 231, 414, 815, 859, 928, 961; vocação e família, 22-3; vocação e alegria, 81, 84.

VOCAÇÃO CRISTÃ
428, 757; chamada à santidade, 167, 182, 728; vocação apostólica, 75, 211, 930; viver como cristão, 14, 48, 116, 295, 716-7, 931. Ver APOSTOLADO, SANTIDADE.

VONTADE
154, 166, 769-94, 798, 852. Ver CARÁTER, PERSONALIDADE.

VONTADE DE DEUS
33, 53, 106, 146, 235, 252, 872; abandono, 850, 855, 860; amor, identificação, 34, 273, 352, 793. Ver ABANDONO, RETIDÃO DE INTENÇÃO.

Direção geral
Renata Ferlin Sugai

Direção editorial
Hugo Langone

Produção editorial
Juliana Amato
Gabriela Haeitmann
Ronaldo Vasconcelos
Roberto Martins

Capa
Gabriela Haietmann

Diagramação
Sérgio Ramalho

ESTE LIVRO ACABOU DE SE IMPRIMIR
A 19 DE MARÇO DE 2024,
EM PAPEL IVORY SLIM 58 g/m².